多摩よりみち散歩

雪子F・グレイセング

イラスト・写真・本文デザイン／雪子Ｆ・グレイセング

多摩　よりみち散歩／目次

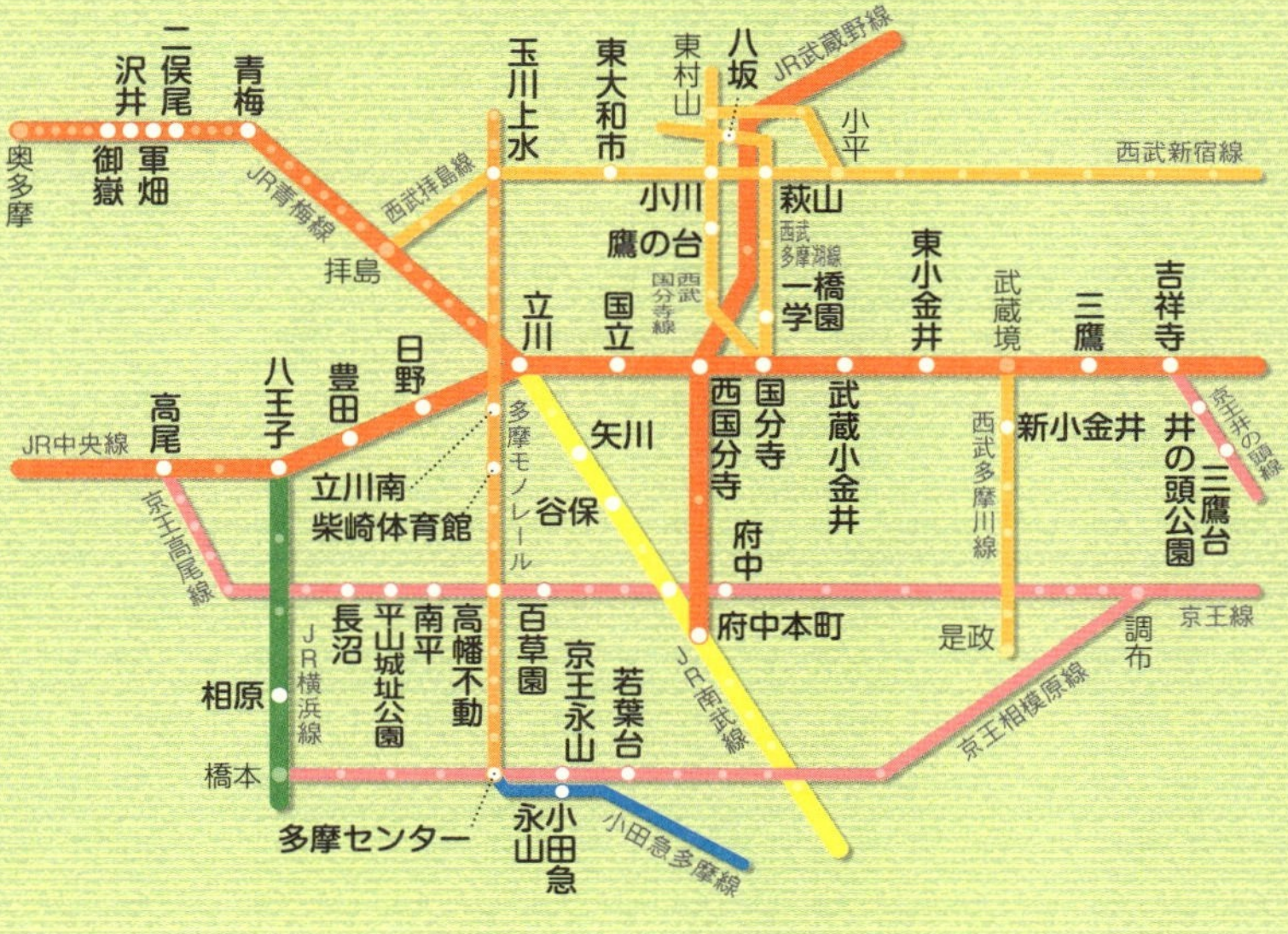

（注）本文中、方位記号が記載されていない地図はすべて北が上です。

はじめに

この本は、多摩の街や林を、「よりみち」しながら歩いた記録をまとめたものです。大きなビルが増えている街の中で、路地や小公園、神社仏閣、畑や田んぼ、ホッとする風景や店を求めて歩き、引き寄せられたところを紹介しています。店については、「ユニーク、こじんまり、落ち着き、安全、こだわり」といった言葉を念頭において、軽食が取れるところ（パン屋やカフェが多い）を主に取材しました。

大体の様子がわかるような地図は入れてありますが、距離やバス停などのもう少し詳しい情報が載っている市販の地図があると安心ですし、寄り道の楽しみも増えます。また高尾、相原、青梅、長沼、高幡不動などの雑木林の散策では、少々寂しい場所もあるのでなるべく複数で訪れることをお勧めします。帽子、水筒、筆記用具、小さい望遠鏡、カメラ、コンパス（非日常の感覚を楽しむため？）などを持っていくとよいでしょう。

書店の棚に並ぶ時には、ガイドブックという範疇に入れられてしまうかもしれません。しかし、ガイドのように親切な本ではありません。敢えていうなら「迷うためのガイド」

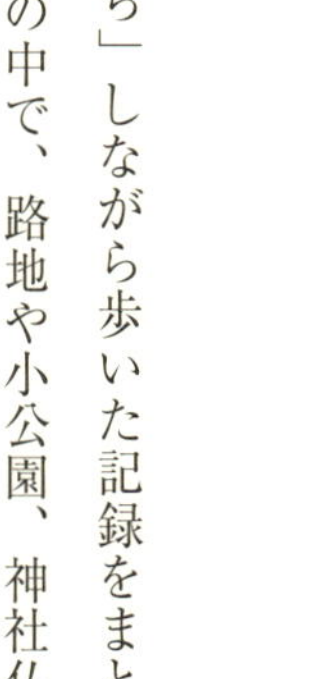

かもしれません。長年お世話になっている太極拳の先生が、稽古の合間に話されたことで、印象に残った言葉がありました。本書の取材の真っ最中であった自分の気持ちと同じだったからです。それは、「寄り道を楽しむ。迷うことも楽しむ。」ということでした。「あの路地に入ったら何があるだろう？」風景にしろ、店にしろ、思いがけないものに出会える可能性があります。地図は大体の計画を作る時と迷い過ぎた時、そして歩行の後の余韻を楽しむためにも使えます。そして計画はゆるく作ることをお勧めします。

人生全般において、寄り道をしているようなわたしの、バラバラな思考と嗜好に導かれてつけた足跡。それを一冊の本にまとめるべく、クールに敏腕をふるって編集して下さった宮前澄子・石本理彩両氏をはじめ、家族のような温かさで迎えて下さるけやき出版の皆々さまや、飛び込み取材に快く応じ、お励まし下さった各店主・スタッフの皆さまに御礼申し上げます。そしてもうこれ以上、手を抜くところもない手抜き家事状態でも文句も言わず、時々パスタを作ってくれたつれあいに「ありがとう」を心から。

二〇〇九年　九月

雪子　F・グレイセング

多摩の都

吉祥寺

北口の商店街と住宅街のそぞろ歩き
南口は井の頭公園でのんびりカモ？

若者に人気の吉祥寺だが古い店もがんばっていて嬉しい。ハーモニカ横丁も健在だ。確かにどんどん新しいものはできるが、そんな街の中のお寺をまわったり、裏道に入ったり、ちょっぴり静けさも楽しむ。北に遠征して成蹊学園のケヤキ並木を歩く。中道通りの商店街も面白い。住宅地に隠れた店の発掘も？

仕上げは憩いの場、井の頭公園の池のほとりでカモと一緒にのんびり過ごそう。雑木林の散策を楽しむもよし、郷愁を誘う茶店や周囲に点在する洒落た店に寄るもよし。

このはな公園の寄せ植え

月窓寺のケヤキ
渋い茶褐色に赤や黄
秋の姿も美しい

サンロード入口の吉祥寺まち案内所などでもらえる「むさしの観光まっぷ」は吉祥寺・三鷹・武蔵境を中心とした便利な地図だ。地図の色によって日本語に加えて英、中、韓といった二か国語仕様が心憎い。案内所には各商店街の情報誌などもあるので活用するとよい。

今日はまず北口前のハーモニカ横丁をモグラのように進んでいこう。サンロードに出て北へ、月窓寺を目指す。門をくぐると大きなケヤキが迎えてくれる。急に静かな空間になる。少々タイムスリップを味わってからサンロードに戻り、軽食や中身がぎゅっと詰まったサンドイッチを買いにリンデに寄るのもお勧めだ。五日市街道に出て、向かいの安養寺を訪ねる。門の赤が渋い。ある日、門前に「銀杏をお持ちください」というメモがあったので、つい拾いたくなった。境内には大きなクスノキ、イチョウの古木も。静かだ。大きなケヤキやイチョウが並び、いかにも地元のお宮という感じの武蔵野八幡宮で驚いたのは、自動手水の装置だ。見た瞬間、まさかと思った自分は古い人間なのかもしれないが。

吉祥寺通りを南に進むと蓮乗寺にも大きなイチョウがあり銀杏がたくさんなっていた。この辺りで空腹を感じたら、西三条通りのデーヴァデーヴァカフェはヘルシーでお洒落だし、東急の裏辺りにも店が多いので好みに合うところを探してみよう。

次は昭和通りを西に行ってみる。住宅地だ。突き当たりで右(北)へ向かうと左に修道院の森が見える。五日市街道に出るので渡ればすぐに成蹊大のケヤキ並木だ。キャンパスは開放されていないのでケヤキ並木を歩いたらさらに北の成蹊中・高のところまで行き、西に曲る。扶桑通りを南へ、またすぐ東へ。角にカクレミノよりアカマツが目立つ「かくれみの公園」がある。また市販の地図には「かくれみの小路」と出ていたが、住人はその名を知らず、おまけに街路樹はプラタナスだった。先で南に曲り、すぐ西へ。寄り道性格ゆえに歩いた「このはな小路」という桜の老木が並んだ道には思いがけず素敵な小公園があった。その後、一本南の「すずかけ小路」を東へ進むと成蹊大の並木へと戻ってくる。

今度は中道通りを目指して適当な道で南に戻る。三月、吉祥寺西公園のコブシの花を見るのは楽しみだ。中道通りは店が増え、商店街がどんどん長くなっている。庶民的な店も洒落た店も軒を並べていて見て歩くのが楽しいが、駅付近へ行くとかなり混雑している。

南口へ行き、井ノ頭通りを渡り井の頭公園に向かおう。池で遊ぶもよし、水鳥を眺めるのもよし、桜や広葉樹の多い池の周りをぶらぶらするのもお勧めだ。公園の内外に茶店や飲食店なども多いので休みながら時間をかけて散策してみたい。

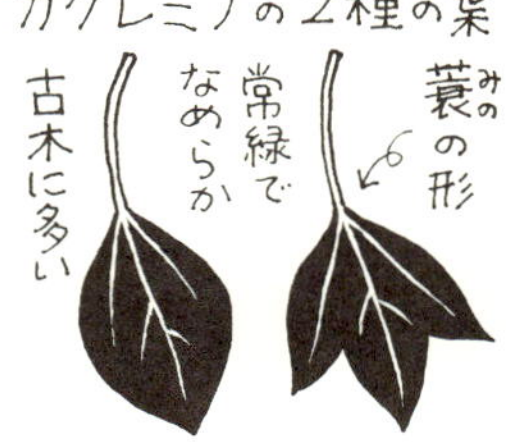

DEVADEVA CAFE

ヘルシーでユニーク、
そして美味しい。

クッキーやケーキなど
スウィーツも充実

ベッカライ カフェ リンデ

お土産にもよい
プレッツェル

落ち着ける
カフェコーナーの
さらにコーナー(すみ)

趣味のカメラ・スケッチより

銭湯が見えると
嬉しいのは何故か…?

二十年位前から気に
なっていた木、健在♡

さりげない緑♡
F&Fビル屋上

落ち葉が多い。
つまり木が多い!!

ミズキ（水木）　雑木林でよく見かける。
白い小花が集まった花の頃もよいが、黒っぽくなる実の色の変化も美しい。茎が赤くて実が緑という粋な配色のものもよく見られる。

ムクロジ（無患子）
深大寺や長沼でも見たが
井の頭公園にもあった。
中の黒い種子は羽根つきの
羽根→に使われる。
果皮もかつては石けんの代用
とされた。黄葉もきれい。

空き地の二木《ふたり》

何年も前のこと、空き地の大きなコブシが白い花をたくさんつけていた。少し離れて立つ常緑のシラカシと「お似合いだな」と思った。吉祥寺に行く度に訪ねたが周囲には柵がめぐらされていて、どうなるのか心配だった。ある時、貼紙が。恐れていた開発告知？　幸い、そうではなくてここをどう利用したいかを市民に尋ねたアンケートの結果発表だった。心は躍ったがさらに感激があった。二位の「公園」を押さえて一位には「原っぱ」とあったからだ。「さすが武蔵野市民！」と、少々のうらやましさと感謝の念をもって意気揚々と三鷹駅まで歩いていったっけ。

プラタナス　篠懸《すずかけ》の木

スズカケノキ科　プラタナスは学名の属の名前。日本ではスズカケノキとアメリカスズカケノキも見られるが一番よく見られるのはモミジバスズカケノキ。後者の樹皮は灰緑や灰褐色ではげたところは白く雲紋状の模様になる。葉は5つの掌状裂片に分かれる。球状の集合果実が吊り下がる。

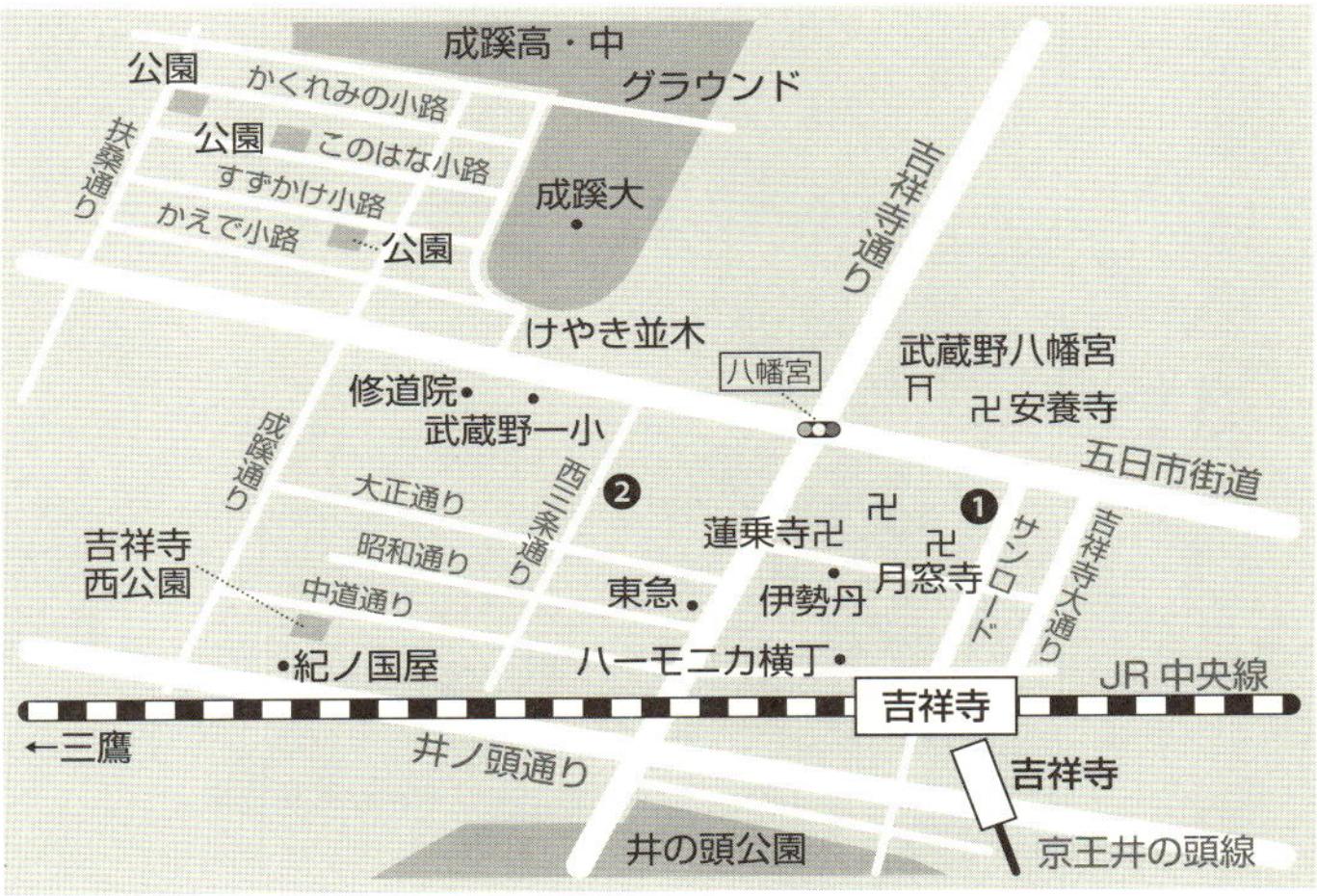

☆吉祥寺は人気の街だ。雑誌などで紹介され、店の情報も多い。そんなことから、店の情報は全く載せないことにしようかとも考えた。お気に入りの店も長くやっているところが多いので、秘密にしておきたくてもすでに有名になっている。M蔵もT亭もかなり有名だ。それでも今回、ひとつぐらいはいいだろう、とリンデを入れた。もうひとつ、偶然の寄り道で見つけたオーガニック・ベジミール主体のDEVADEVA CAFEも頑張ってほしいので入れておく。

❶ベッカライカフェ リンデ
武蔵野市吉祥寺本町1-11-27
0422-23-1412
10時～20時 ㊡無休
❷DEVADEVA CAFE
デーヴァデーヴァカフェ
武蔵野市吉祥寺本町2-14-7, 2F
0422-21-6220
11時～21時 ㊡無休
●吉祥寺まち案内所
サンロード入口
11時～19時

風と共に歩く

三鷹

玉川上水沿いを三鷹から三鷹台へ
神田上水沿いを吉祥寺へ

三鷹駅南口から玉川上水に沿って「風の散歩道」を歩く。山本有三記念館や井の頭自然文化園を見学・散策後、井の頭公園の南部分を抜けていくと玉川上水と再び出会う。しばらく雑木林の趣を楽しみながら宮下橋まで行こう。小さな商店が並ぶ三鷹台駅前へ北上し、次は神田上水（神田川）に沿って吉祥寺駅方面へ戻る。井の頭公園駅を経て井の頭公園の北部分を散策して吉祥寺駅へ。三鷹や吉祥寺の賑やかな商店街とはひと味違う静かな武蔵野歩きが楽しめる。

山本有三記念館の桜

井の頭公園のトウカエデ
大木になると目立つ
ささくれになった幹

三鷹駅南口。デッキの下に南にのびる商店街も賑やかなので少し散策してみてもよい。静かな方がよければ、デッキを吉祥寺寄りに降りるとあのトトロが入口に鎮座している、みたか都市観光協会があるので寄ってみよう。散策マップなどの資料の他にお土産品もある。

万助橋までの玉川上水沿いは「風の散歩道」という素敵な名前がついている。桜が多いが秋に歩いたら意外とモミジも多いことに気がついた。ケヤキやイヌシデといった武蔵野常連(?)の木々も多い。カラスウリやクズのつるがからまる桜やエノキ、ムクノキに混じってイチョウがぽつんと立っている。道路の脇の歩道ではあるが、車はあまり気にならない。周辺には太宰治所縁の場所もあるので興味があれば寄り道してみるとよい。山本有三記念館は洋風建築に大きなムクノキや桜の生えた庭があり、早春、タチツボスミレの薄紫の花が黄緑色の苔の絨毯を飾るように咲いていた。素敵な造りの館内見学もお勧めだ。

万助橋から北に折れ、井の頭自然文化園へ。子どもに人気の動物園には有名な象のはな子さんやツシマヤマネコ、フェネックなどが飼育されている。個人的には動物園の存在には異論があるが、リスの小径《こみち》では彼らのテリトリーに入れてもらうという感覚があるので、多少抵抗なく見学できる。桜やホオノキなど大きな樹木も多く、見ごたえがある。

先ほどの道路を南の方へ戻る。三鷹の森ジブリ美術館も面白いが、予約が必要だ。美術館の向かいにギャラリー・カフェテラス、コミュニティベーカリー風のすみかがある。ジブリの横から公園に入ればベンチもたくさんある。奥へ歩くとグラウンドの向こうに小鳥の森という一角がありバードウォッチングできるようになっている。紅葉もきれいなところだ。その脇で再び出会った玉川上水に沿って細道を南へ辿ろう。学校の脇や住宅の間を通る細い流れに沿って林が残されている。若草橋の近くでは農産物を売っていた。途中には橋が数本あるので両岸どちらを歩いてもよい。

宮下橋から北へ向かうと三鷹台駅がある。長い距離ではないが車が気になるようなら一本西の通りを行けばよい。駅付近の商店街は小さな靴屋さん、蒲団屋さんなどの懐かしい店構えが嬉しい。

駅の北側には神田上水沿いに歩道が続いている。玉川上水のように緑地帯があるわけではないが、車を気にせずに歩けるし、途中からは大きな木々も見えてくる。井の頭公園に入り、井の頭公園駅のところで線路をくぐり、さらに林の中を進めば井の頭池はすぐそこだ。池の縁を歩いて途中から右へ上っていくと賑やかな商店街となり、その先が吉祥寺駅だ。

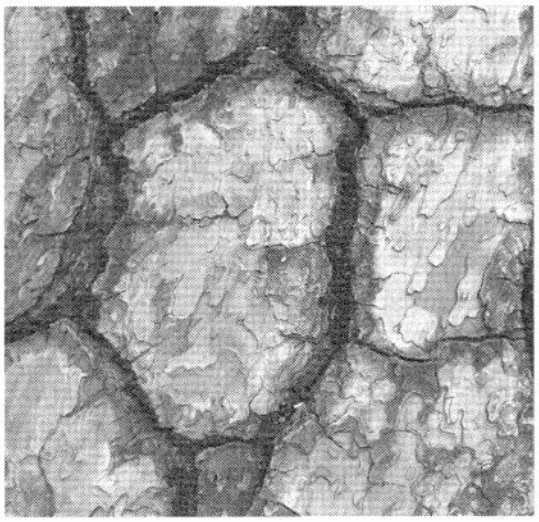

ベーカリー 風のすみか

やさしい味の
かわいいパンたち

ブルーベリージャム

粒粒が嬉しい
手作りジャム!!

ギャラリー & カフェ terrace

ギャラリーの奥は
居心地のよいカフェ

サンドイッチは
食パンかベーグルで♡

ひと枝の「一生懸命」

風の散歩道。
太い枝は枯れて
かろうじて一本の
細い枝を歩道に
のばしている桜が
立っていました。
その根元には
貼紙が…

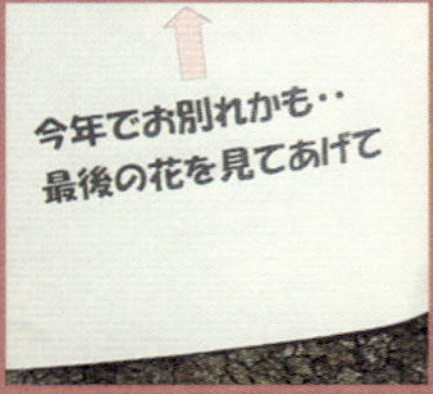
今年でお別れかも‥
最後の花を見てあげて

いつでも植物は健気、
前向きの姿勢を教えてくれる…

全国ベンチプロジェクト

　無謀な夢多き筆者の実現可能な夢として密かに（?）考えていたのは、間伐材を利用して街中にベンチを置くこと。お年寄りや赤ちゃん、そして散歩人にもやさしいベンチのある街。すでに似たことを実行している自治体などもありそうです。

　さて、どんなベンチがお好きですか？

アート？

風景にマッチ

凝ったデザイン

何時間も座っていたい…

木陰っていいな

やはりレトロな青梅駅

きのこが生える音、聞こえてきそう？

ロケーションも大切！

丈夫ですが冬は冷たそう…

地図について

以前は二万五千分の一の地形図を使っていたが老眼のせいもあり(笑)、現在は一万分の一程度の市街地図が使いやすい。既成の散歩コースも色々あるし、散歩マップを発行している自治体もあるので各市役所や商工会などに問い合わせてみるとよい。有料のものもあるが大抵安価で入手できる。例えば「雑木林のみち」は東京都が多摩東部の雑木林を保全し、武蔵野らしい風景をつづる道として選定したものだ。清瀬市、東久留米市、小平市、国分寺市などの各5~6キロメートルのコースが多い。東京都環境局（〇三-五三八八-三五五五）編集発行で無料。

エノキ 榎

ニレ科　落葉高木。葉は互生（節ごとに交互に出る）。左右非対称で葉脈がはっきりしている。葉の上部3分の1ほどに鈍い鋸歯（縁のギザギザ）がある。樹皮は暗い灰色でざらざらしている。橙色の実は食べられる。昔は街道の一里塚に植えられた。葉はオオムラサキの幼虫が食べる。

よく
小枝ごと
落ちている
green
orange
brown

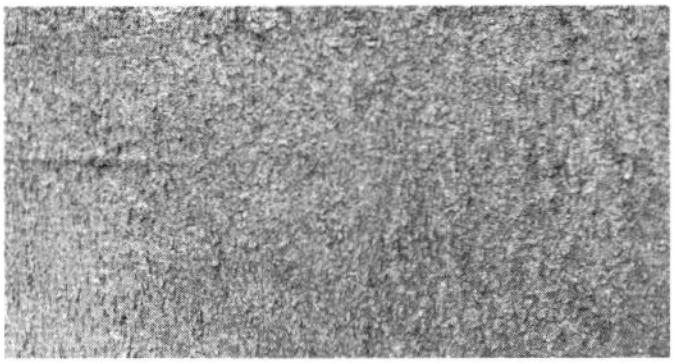

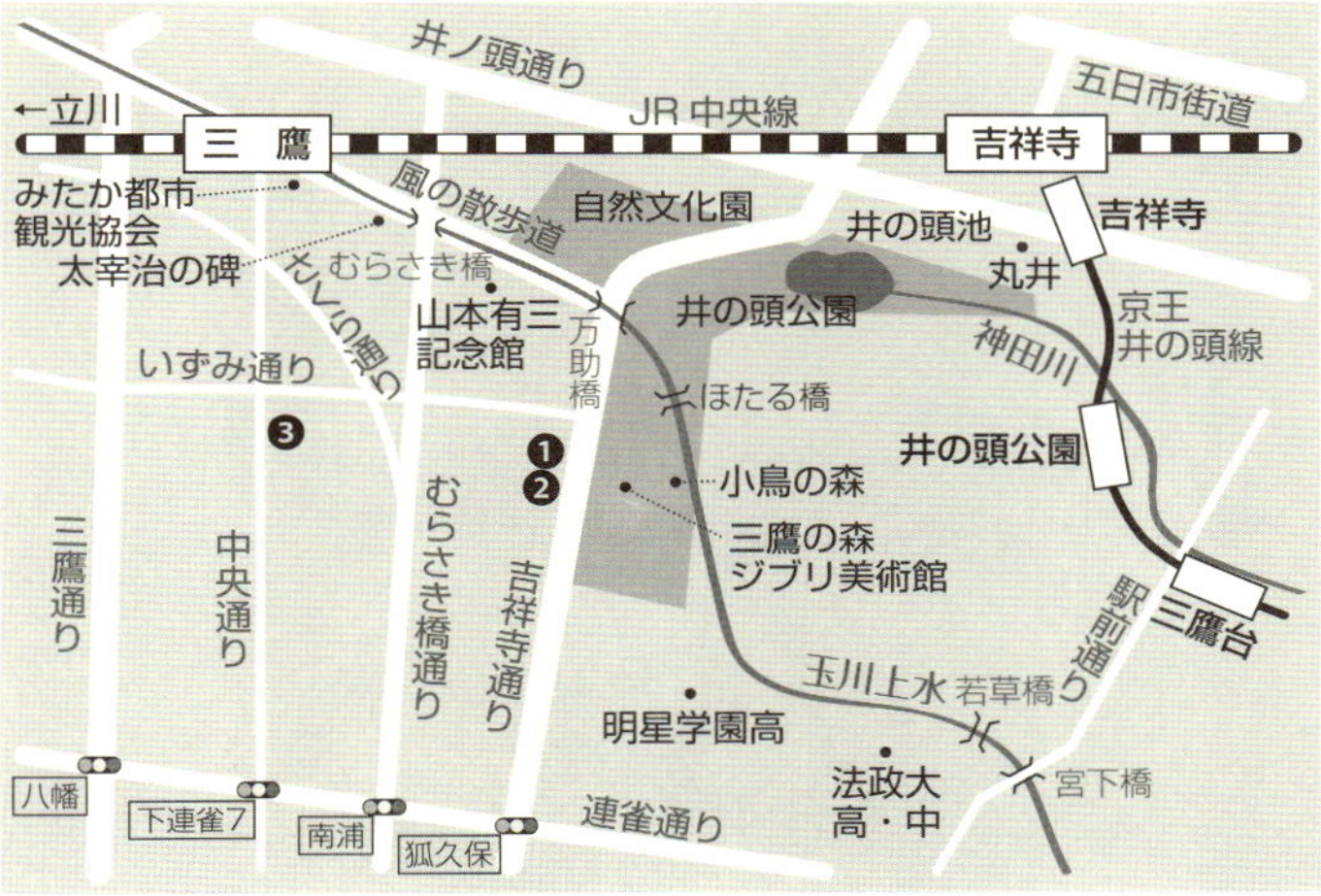

❶terrace テラス
三鷹市下連雀1-14-1
0422-49-2450
12時～18時（展示中は～19時）
㊡月・火曜

❷風のすみか
三鷹市下連雀1-14-3
0422-49-0466
11時～18時（冬期は～17時）
㊡月・火曜

❸プーの森（絵本）
三鷹市下連雀3-30-12-104
0422-42-5333
月・水～土曜10時～19時、
日曜・祝日12時～19時
㊡火曜

●みたか都市観光協会
三鷹市下連雀3-24-3-101
0422-40-5525
9時～18時　㊡火曜

●山本有三記念館
三鷹市下連雀2-12-27
0422-42-6233
9時半～17時
㊡月曜（休日の場合は翌日と翌々日）

●井の頭自然文化園
武蔵野市御殿山1-17-6
0422-46-1100
㊡月曜（祝日や都民の日の場合は翌日）

時を旅して

深大寺（界隈）

水辺、宇宙、花木の散歩
歴史の散歩に心も旅する

都立野川公園、国立天文台、都立神代植物公園、深大寺と時間をかけて見たいところが多いので一度にまわらない方がよいかもしれない。途中、バスで電車路線に出られるので適当に加減しよう。ここでは新小金井駅から歩き始める。野川公園で身近な自然に親しみ、野川沿いの遊歩道から国立天文台へ。雑木林の中、古い建築を鑑賞しながら宇宙に想いを馳せ、神代植物公園では広大な園内で四季の華麗な花々を楽しみ、再び雑木林に遊び、最後は名刹深大寺で締めくくる。

冬の風物詩

もうないかもしれない
伐採予定の貼紙があった
野川沿いの枝垂れ柳

野川公園まではＪＲ三鷹駅などからバスも出ているが、今日は西武多摩川線の新小金井駅で四両編成オムレツ色の電車を降りる。西口商店会のアーチをくぐり、懐かしい佇まいの商店街を一通り見る。行き過ぎてみたらコトコト（33頁小金井の項参照）で買った美味しいクッキーの製造販売所があってびっくり。しっかりおやつを調達したのだった。

連雀通りの笠森稲荷。赤い鳥居がずらりと並ぶ。狐に誘われて奥に入ると立派なヤマザクラに出会えた。その東の道を南下、少し西の線路脇の坂を下ると野川公園の入口がある。バードサンクチュアリの対岸は明るい広場でイチョウやアカマツ、ヒマラヤスギなどが点在する。シジュウカラやヒヨドリ、セキレイやムクドリ、冬ならツグミなどがよく見られる。人間もよちよち歩きからジョギング走者、杖をついた高齢者まで年齢層も幅広い。

冬の日、柳の下でおしゃべり声に誘われて上を見れば、まんまるに膨らんだ雀が二十羽程もいた。新緑もよいが初夏にはツバメが水面すれすれに飛び交い、翻る柳の葉も涼し気だ。湿地にハンノキやアカメヤナギが生える自然観察園は、対岸の自然観察センターで資料を入手してから見るとよいだろう。山野草も多いので季節ごとに楽しく見学できる。

東八道路を挟んだ公園の南部分にも芝生が広がりゆっくりできるが、南に寄らず、明るいわき水広場で休憩するのもよい。広場の先で東八道路をくぐり、相曽浦橋まで行くと

「雑木林のみち」の野川・深大寺コースになる。このコースでは三鷹大沢の里、出山横穴墓群を経て飛橋から野川を離れ、崖線上の道を天文台の敷地脇を通って再び野川に戻る。もちろんコースに入らずそのまま野川沿いを進んでもよい。

国立天文台では緑豊かなキャンパスに点在する歴史的建築物とその設備などの展示を見る。林という風景に溶け込んでいるからなのか、古い建物には何か心を平らにするような力が感じられる。桜も多いので混雑を覚悟する気があれば一度は春に訪れるとよいだろう。

天文台前の信号を渡り、左前方の道から雑木林公園の前を右へ。少し先の植木畑沿いの道へ右折すれば神代植物公園の正門が見えてくる。植物園については書き始めたら止まらなくなるので「園内は広く、散策にも植物鑑賞にも◎！」というだけにしておこう。

深大寺は奈良時代の創建といわれ、東京では浅草寺に次ぐ古い名刹だ。茅葺きの山門を入ると菩提樹やムクロジ、ナンジャモンジャノキなど珍しい木もある。境内でも周辺でも諸処で水音が聞こえ、さすがに水の豊かさが感じられる。水神を祀った青渭神社、神代水生植物園に足をのばすのもよい。門前には茶店も沢山あり、人通りが絶えない。

狛犬（獅子）さま
お狐さま（稲荷神社）
牛さま（天満宮）
ぷちコレクション

狛犬というのは厳密には「獅子狛犬」で一対をなしており、狛犬の方には角があった。現在は獅子だけのものが多く見られるが狛犬と呼ばれている。向かって右が阿形、左が吽形が標準だが、その表情は時代や作者によって変化があるので面白い。仔獅子を鍛えようというのか厳しい表情のスパルタ親もいれば、そっと守っているようなやさしい感じの親もいる。

このお方、ユーモアも迫力もおありです

稲荷社のお狐さまはクールな表情が多い

菅原道真由来の天神社には牛さま。「牛歩」というたとえもあるように、のんびり調

←谷保天神の牛さま

木の実 これくしょん

ハンノキ

上の長いものは花

ヒマラヤスギ

の形でも落ちている

プラタナス

（モミジバスズカケノキ）

モミジバフウ

美しい形の実

ラクウショウ

別名 ヌマスギ

コウヨウザン

先に付いている

ユリノキ

枝に付いた姿は花のよう

タイサンボク

ホオノキの実と似ている

五差路の枝垂れ柳

　十年以上も前、深大寺の近くで巻き物風の童話「柳と狸」を買った。それは深大寺五差路の大きな柳が伐られることになり、当時八十一歳のおばあちゃん（童話の原作者）とその友人などの協力で、柳が残されることになるまでの話だった。久しぶりに現地を訪ねたが残っているのは四本のうち一本のみだった。

　童話を入手した店でお話を伺うと、実は数年前にまた伐るという話が出て、おばあちゃんはもう近くには居なかったものの、前回尽力した人々が役所にかけあい、一本が残されることになったという。大きな柳の麗しい姿、いつまでもそこにあれ……。

イヌシデ　犬四手

　カバノキ科　落葉高木。葉は互生。鋭い重鋸歯（鋸歯の間にギザギザがある）がある。樹皮は灰褐色に白の縦縞や菱形が入り、浅い溝ができるものも。花序は緑黄褐色。アカシデの葉は少し小ぶりで花序が赤みがかる。「四手」とは神事に用いる白い紙などの飾りのことで、実の様子が似ていることから。

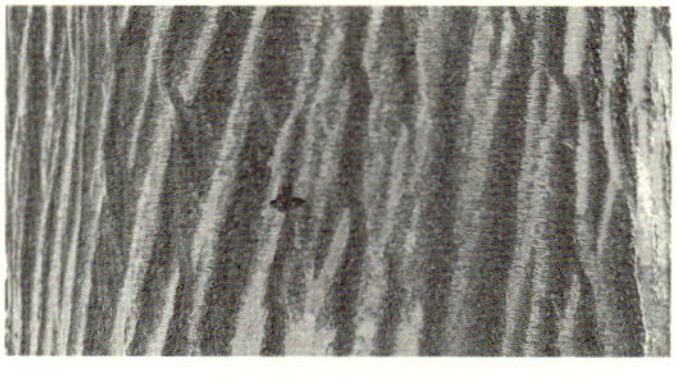

●三鷹市
星と森と絵本の家
三鷹市大沢2-21-3
国立天文台内
0422-39-3401
10時～17時
（入館は～16時半）
㊡火曜　入館無料

1915年建築の「旧１号官舎」を復元・再築し、絵本の家として、2009年７月オープン。「星、森、ひと」というテーマを中心とした約2,000冊の絵本を所蔵し、くつろぎながら絵本を読める畳の部屋を中心に、３つのテーマ展示室がある。

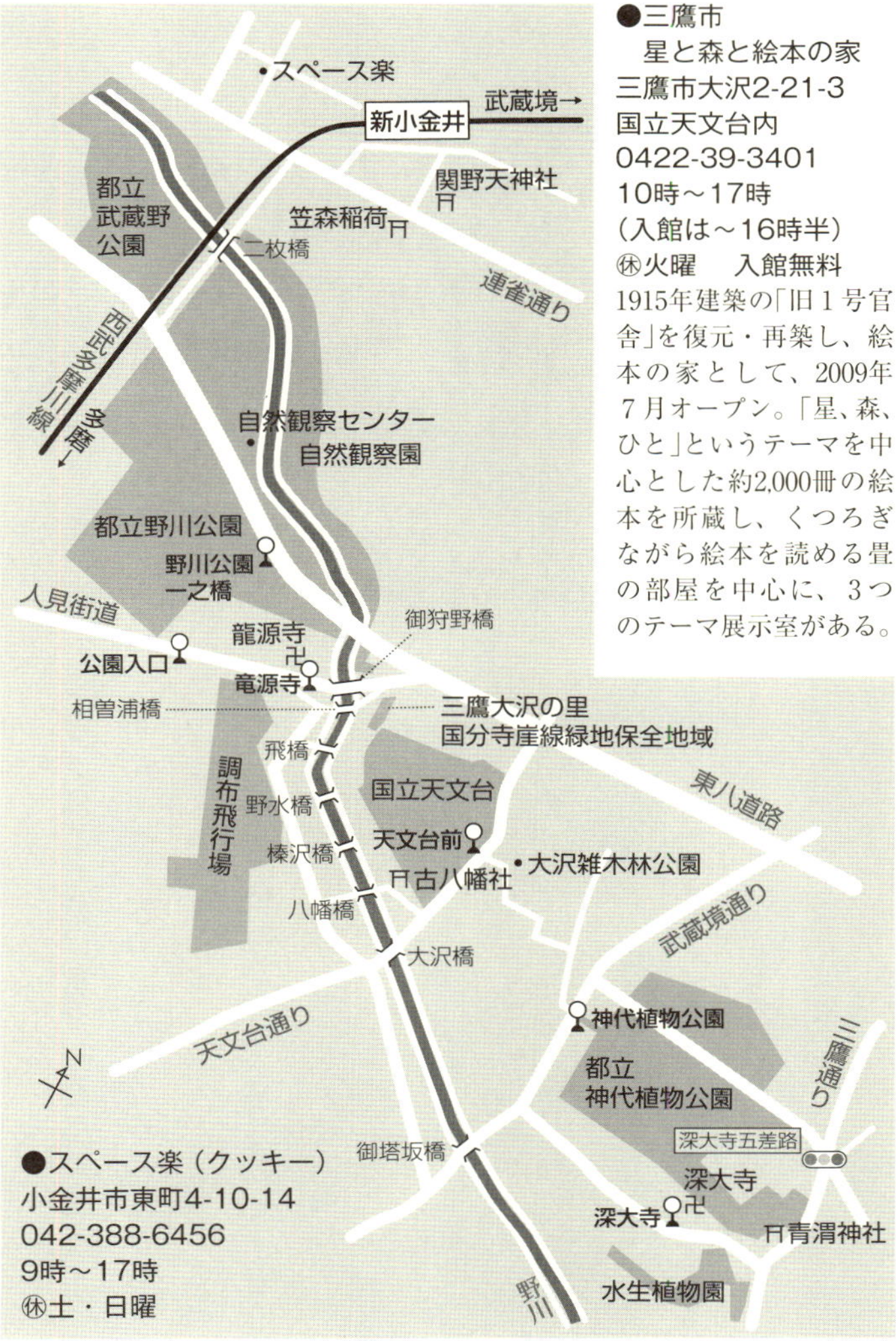

●スペース楽（クッキー）
小金井市東町4-10-14
042-388-6456
9時～17時
㊡土・日曜

段差も魅力

小金井

崖下に湧く泉、黄金の井戸の地
野川ものんびりと美しくなる辺り

「はけ」とは崖のこと。有名な「はけの道」や、はけ下を流れる野川周辺の景色を楽しみながら、気の利いたお店にも寄っていこう。北の崖上と南の崖下をつなぐ坂。古い坂は地形に沿って作られたからか曲線があり、美しい。まして木々が茂っていたり、素敵な店があったりすると、坂を上るのも悪くないと思うのは私だけだろうか。魅力的な坂が多いのでここではわざと坂を下っては別の坂を上るような歩き方をしてみたが、コース作りはお好みでどうぞ。

野川沿いに多いキクイモ

寺社に残るムクノキ
黒い実はムクドリの好物

武蔵小金井駅南口から南に歩き質屋坂を降りていこう。ポルシェ洋菓子店は気軽に入れる地元御用達のお店。小金井産の野菜を使用するカフェ、ブルームアンドブルームもある。石畳の坂には大きなケヤキが保存樹になっている。そうだ、ン十年前、ここはジャングルのような森だった。坂の下のろばやの自家培煎珈琲は不思議な程、どの種類も美味しい。

薬師通りで西に折れ、念仏坂、平代坂、弁車の坂などが北へ上っているのでいずれかで、もう一度坂上へ。念仏坂は少々見つけにくいが、一番細くて冒険心をそそられる。

連雀通りに出たら左へ行けば滄浪泉園《そうろうせんえん》の緑が見えてくる。明治・大正期の別荘だったという園内の順路を下っていくと鬱蒼と茂る木々の下に泉が湧き、大きな池となっている。よくこれだけこんもりした印象を保っていると思う。アカマツやスギなどの針葉樹やモミジなどの落葉広葉樹もよく茂っている。やはり泉の力だろうか。コゲラやメジロがさえずりながら枝を渡っていく。水琴窟とその仕組みの説明図がある。夏には受付で団扇を渡されるのが少々可笑しいが、血に飢えた蚊の攻撃をかわすには借りていった方がよい。

滄浪泉園の横の坂を下って西に折れ、新小金井街道を渡ると真明寺、貫井神社がある。後者の美しい池の奥にはひっそりと水が湧いている。南に向かい野川を渡り、東に進むとえんま堂のところには秋の赤い実が美しいイイギリが一本生えている。新小金井街道を渡ると商店が並んでいて、お洒落なキャトルキャールには小さなティールームもある。

大澤神社や弁財天の辺りも昔ながらの大きな木々が残されている。前原小の南の遊歩道から小金井街道を渡り、野川沿いの遊歩道に入るとカルガモやセキレイ、サギの類がよく見られる。天神橋で北に向かうと小金井神社があり、少々寄り道すればおむすび研究所もある。野川に戻り庭先の花木や枝垂れ桜を見ながら進む。小金井新橋で南に渡ると地元で親しまれているなだらかな丘、くじら山がある。武蔵野公園はお花見にも紅葉狩りにもよい。東の野川公園に足をのばしてもよいが、今日は北側の遊歩道を戻る。ハナミズキの並木がある。水田跡の草原を右に見て小金井新橋まで戻り、北側のはけの道を西に歩く。左にははけの小路、右に上るムジナ坂などもあるので寄り道もどうぞ。はけの森美術館は落ち着いた雰囲気で、画家が住んでいた素敵な建物のオーブン・ミトンカフェも人気だ。農産物直売所やキウイフルーツ園など、のんびりした雰囲気の道を進む。大きなムクノキやケヤキ、萩も美しい金蔵院の前の道、あるいは後ろの風情ある妙貫坂から坂上へ。六地蔵を見たり、カフェ・コトコトでくつろいだり、裏道を通って駅へ戻るのもよい。

broom & bloom
カフェ ブルーム アンド ブルーム

板張りの床が素敵。
小ナベ(商品)も必見！

地場野菜使用！

ポルシェ
洋菓子店

ソフトクリームも人気です

トーストサンドやサンドイッチもパンも焼いている

Quatre-Quarts
キャトルキャール

お洒落なケーキが多い。
パンも少しあり。
やはりお洒落！

自然食品店 ろばや

カウンターの背後には
読みたい本が沢山並んでいる

おむすび研究所 Wa-Gaya

← この巨大な
おむすびが目印！

月見珈琲？

いえ、ライトを
映して遊んで
みました…

オーブン・ミトン カフェ

と～ってもリッチな気分になれます

隣にある姉妹店？で
みつけた手作りサイフ(¥500)

カフェ・コトコト

カラダにやさしいランチ

『それはサギから始まった』

ある日、通りがかった野川沿いでのこと。アオサギ♡がいたので立ち止まる。その後橋の上から川面を見ると空が映り、素敵だったのでつい写真を撮っていた。するとカルガモがずんずんこちらに向かって泳いできた。私に気づいたらどうするかと見ていたら途中でくるりと回って羽づくろい。

その時 橋の下からもう1羽がそのカモに向かって ずんずん進んでいった！ さてどうなる？と見ていたら、出会った2羽は仲良くこちらへ。そして橋の下に消えた。 The End

ドラマとはいえないが心に残るひとときだったような…

公園でみつけた誰かのアート！

こちらへお進みください

ずんずんやってくる

止まった！回っている

「迎えにきたよ」？

意外とやるね、ふるさと小金井

小金井で育ったので、緑が減り大きな建物ができて様変わりしたのがよくわかる。だから息苦しいと思っていたのだが、現在小金井に住んでいる友人たちによると住みごこちはよさそうだ。取材で歩いて改めて客観的に見ると、確かに頷けるところがあった。武蔵野を代表するケヤキの大木も減ったとはいえ、まだ方々に見られるし、野川の環境は自分が子どもの頃に比べてよくなっている。護岸工事でコンクリートで固められた時も、それを土に戻させた市民の力があった。遊歩道も多い。皆が散歩を楽しめるような町は住みやすい町に違いない。

ムクノキ　椋

ニレ科　落葉高木。別名モク。葉は互生。側脈は鋭い鋸歯の先端まで入り込む。葉の表面はざらざらしている。樹皮は灰褐色でなめらかだが老木では小さく短冊状にはがれ、根元は板根状に広がる。甘い実はエノキよりもひとまわり大きく直径1センチ程度で熟すと黒くなる。

端正なギザギザと
触るとザラザラが
特徴
green
black
dry!

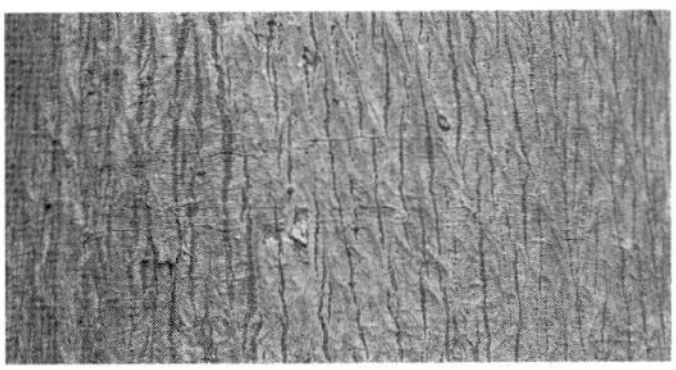

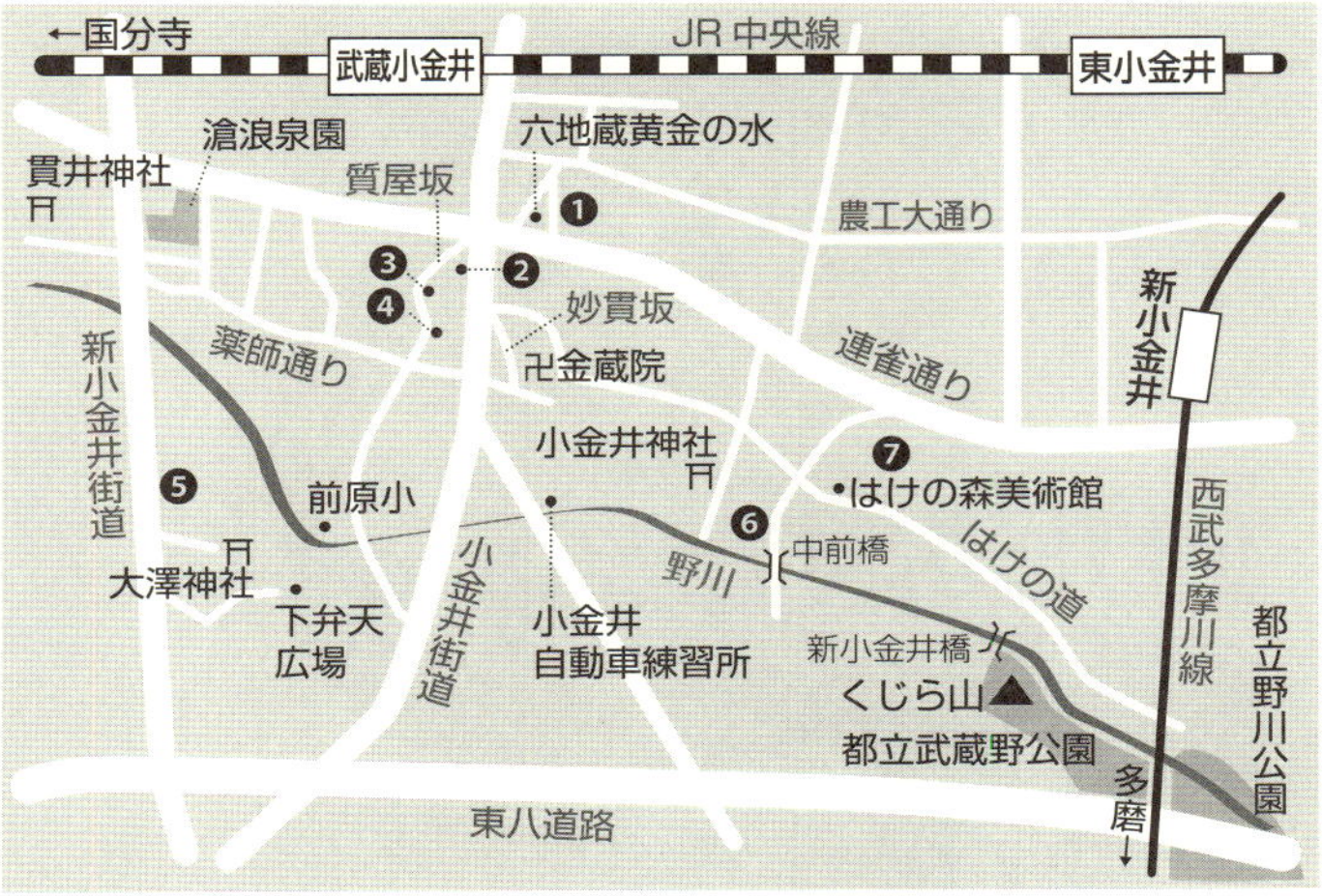

❶ポルシェ洋菓子店
小金井市前原町3-40-26
042-381-9361
9時～22時　㊡不定休

❷カフェ・コトコト
小金井市本町1-6-11
042-388-7887
11時半～16時
㊡第2第4火・土・日曜、祝日

❸broom & bloom
ブルーム アンド ブルーム
小金井市前原町3-40-20-106
042-384-0883
11時半（土曜は15時）～20時LO
（金曜は～17時）　㊡月・火曜

❹自然食品店ろばや
小金井市前原町3-40-8
042-388-5441
10時半～19時（日曜は12時～18時半）　㊡不定休

❺Quatre-Quarts
キャトルキャール（洋菓子）
小金井市貫井南町2-7-14
042-388-8814
10時～20時　㊡無休

❻おむすび研究所 Wa Gaya ワガヤ
小金井市中町1-7-29
042-384-5229
8時～18時（日曜は～14時）　㊡火曜

❼オープン・ミトンカフェ
小金井市中町1-11-3
042-385-7410
10時～16時30分
㊡月・火・第3日曜

●滄浪泉園
小金井市貫井南町3-2-28
042-385-2644
9時～17時（入園は～16時半）
㊡火曜（祝日の場合は翌日）、12/28～1/4

遺跡と泉の 国分寺

「お鷹の道」と「雑木林のみち」歴史と水の流れに想いを重ねて

「泉が湧く」という一見お伽話のようなイメージが現代の都市にも見いだせる。国分寺には野川の源泉があり、真姿の池とお鷹の道が残され、姿見の池も復元保全されている。武蔵国分寺などの遺跡も雑木林と共に保存されている。マンションを建てたら湧水が涸れたという事件もあり、これからの環境保全が気になるところだ。細く清い流れのほとりに佇んでいると、生活に精神的な潤いをもたらすという意味から、清流は現代の都市にこそ必要だという想いが湧いてきた。

キバナコスモスと蝶

黄葉が始まったユリノキ
緑の葉との色合いが美しい

国分寺駅を南口に出て左に進むとトウカエデの植えられた道路沿いに都立殿ヶ谷戸庭園がすぐ見えてくる。茶室辺りの紅葉の美しさが人気の園内には、水が湧き、水琴窟があり、こんなところでゆっくりするのもひとつの贅沢だと思える。全体的な樹木の印象はアカマツとモミジだが、萩のアーチや竹林も素敵だ。展示館に花暦のファイルがあり、その時々の花を教えてくれる。数あるベンチの中で馬頭観音脇のものは袋小路ゆえ、静かな穴場といえる。

道路の反対側にはアンティークアヴェニューやツタの絡まる有名な喫茶店など目に留まるものがちらほら。右に曲がるとパン屋さんのキィニョンがあり店前のベンチがかわいい。その先のカフェスローはゆっくりしたい店なので実は散歩の最後に戻ってくる方がよい。

カフェの先で野川の不動橋を渡り右へ入る。この辺りの野川は小金井の武蔵野公園辺りに比べればコンクリート張りの窮屈な姿である。お鷹の道へ向かう途中、八百屋さんで猫が店番をしていた(?)のが微笑ましかった。児童遊園地の脇を道なりに進む。「お静かに」という何枚ものポスターが散歩者のマナーの悪さを物語っており残念。

お鷹の道というのは江戸時代に国分寺周辺の村々が尾張徳川家の御鷹場になっていたことが由来ときく。真姿の池付近の農産物直売所には散歩の人や近所の人が買いにきていた。

糸萬園に美味しそうなイチジクがあった。聞けば果樹の実は急に大きくなるので日に二回、近くの畑に取りにいくとのことだった。柿や柑橘類など季節ごとの味が楽しみだ。

国分寺境内の万葉植物園では歌に詠まれた草木を眺めたい。少し北には広々とした都立武蔵国分寺公園があり、休憩によいのだが今日は南へ。武蔵国分僧寺跡を経て府中街道を渡り、武蔵国分尼寺跡へと歩く。北には木々が鬱蒼と茂った下を旧鎌倉街道も通っているが、西へ黒鐘公園を通り抜けると散策にぴったりの歩道がある。少し行くと右に入る道沿いに商店などが見え、安全性や小麦の本来の味を追求するパン屋さんの南部がある。珈琲コーナーもあるのでさらに嬉しい。そのまま北に進み、史跡通りから西国分寺駅へ。

駅を北側に抜け府中街道を渡ると「雑木林のみち」のコースが続いている。雑木林の中を少し歩いて左に出ると姿見の池がある。そこからは住宅地に出て道なりに東の方へ進む。西武線を越えると左側が日立製作所中央研究所の森になる。フェンスでよく見えないのだが野川の源泉が湧いている。ここは歩行者用の広い道路となっている。国分寺駅近くで普通の道路になり、途中で左へ入るとフェアトレードの店や小さなカフェなどがあり、この界隈も面白そうだが今日は道なりにまっすぐ進む。まもなく右手に駅が見えてくる。

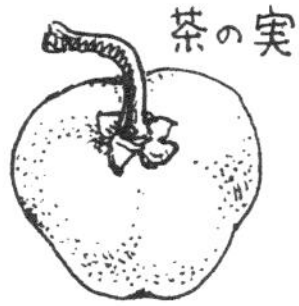

キィニョン

こじんまりした
店内だがパンは沢山！

糸萬園

さすがに新鮮！
色も美しいのです。

南部

飽きのこない、
本物の味は絶品

カフェスロー

ゆったりした店内に
ナマケモノ発見〜！

←ハクモクレンとは
蕾のうちに見分けるのは
ムズカシイが
コブシの花のすぐ下には
小さな葉がついている

コブシ（辛夷）

名の由来は実の形とも
蕾の形とも……

実の形はかなり
多様だが✊の
形に見えるのもある。

↑これは
見えない！

マンホールのふたなど

凝ったデザインも多いので面白い。

シンプルなものも。

長ぐつ

こくぶんじ

たちかわ

路上の印もよく見ると色々あります

ひの

おうめ

こがねい

カフェスローの向こう側

すでに二時間近く寄り道していたので先を急いでいた日。テーブル横の窓の向こうの木にヒヨドリが数羽いて、しきりにつつく音がする。逆光で色が見えないが、木はムクノキらしい。しかし彼ら、その黒い実を食べているようには見えない。気になって小さな望遠鏡を出す。やはりそうだ。「ぱくっぱくっ」とやっているのは葉だ。実際に葉を食べているのかはわからないが、彼らならやりそうだ。そんな風に窓の外に気をとられているうちに「えっもうこんな時間？　今日はもう先は無理だ」となる。大きな窓の前のテーブルはとりわけ「ゆったり」の魔力があるのかも。

トウカエデ　唐楓

カエデ科　落葉高木。中国原産。別名三角カエデは三つに分かれた葉の形から。街路樹や公園によく見られ、幹は灰褐色で老木は全体に鱗状にはがれる。葉は対生（一つの節の両側から出る）。幼木の葉は粗い鋸歯がある。葉裏は青白い緑。紅葉は一枚一枚黄色や赤の模様が複雑に入るものもある。

よくあるタイプ
似た形のフウはもっと細かいギザギザ
個性派？
これもトウカエデ

❶キィニョン
国分寺市南町2-11-23、101
042-325-6616
10時～17時　㊡不定休

❷Café Slow　カフェスロー
国分寺市東元町2-20-10
042-401-8505
日曜・祝日11時半～19時、
月・水～土曜11時半～22時
（金・土曜の夜はイベントのため
通常営業は15時半まで）
㊡火曜

❸アチパン
（カフェスロー内のパン工房）
042-315-1912
10時半～17時　㊡月・火曜

❹糸萬園（植木・果樹）
お鷹の道　真姿の池近く
042-321-5313

❺南部
府中市武蔵台2-23-3
042-359-5963
木～土曜11時～19時

●都立殿ヶ谷戸庭園
国分寺市南町2-16
042-324-7991
9時～17時（入園は～16時半）
㊡12/29～1/1

あこがれの郊外
国立

文教都市と商店街の魅力
国立は一日では歩けず

赤いとんがり屋根の旧国立駅舎が消えて、駅の様子はずいぶん変わってしまったが、南にまっすぐ伸びる大学通り、左斜めに旭通り、右斜めに富士見通りと、三本の通りはその活気を増しているようにさえ見える。そしてその間の小さな通りにも国立ならではの魅力的な商店や施設がある。ループ状に歩いたり、北口界隈や谷保など、他の地域と合わせて再訪してみるのもよいだろう。ギャラリーやカフェなども紹介しきれない程あるので、新発見の楽しみが期待できるところだ。

アンネ・フランクのバラ

一橋大学のアカマツ
国立では大きなアカマツが
生えた庭をよく目にする

今日はまず右の富士見通りから、と思ったのにまた寄り道癖が顔を出し、南口を出てすぐ右に曲がってしまった。線路際の通りにも意外と店がある。国立では古本屋が多く目につく。国立本店は本の他、時には柿やさつまいもを売っていたり、展示もユニークだ。路地を入ると住宅街にしっくり溶け込んだ自然派雑貨店のサプがある。小腹が空いている時は、少々戻るが洒落たベーカリーのバンブー、富士見通りの先のベッカライしゅんたなどでひと息入れてもよいだろう。

さて、まじめに富士見通りを行こう。見るだけで楽しい山野草のお店や壁の青が植物を引き立てているあお空花店。水色の雫のサインが素敵なレインファームは自然な住まいの設計の他、木の家具やエコデザイン雑貨なども扱っている。他にも気になる店が多い。

国立学園小を過ぎた辺りで南に向かい、学園通りに出る一本手前で東に方向を変える。ブドウ畑あり、キウイ販売ののぼりあり。左手が一橋大学グラウンドの緑多い閑静な住宅地を進む。素材にこだわる隠れ家的カフェ玄《げん》がある。大学通りに出たら広い歩道を駅の方へ戻る。小看板に誘われて手織布と雑貨の店いふがおへ。草木の素敵なアプローチだ。

一橋大学は兼松講堂をはじめ、歴史的な建築物が素敵だ。動植物をモチーフにした装飾がふんだんになされ、古くなればなるほど味が出てきている。東校舎も見たい。建物内には入れないが、堂々としたヒマラヤスギなどが並ぶキャンパスには散歩の人々も行き交う。

大学通りのレストラン、農家の台所は子連れの若いお母さんや熟年夫婦などで賑わう。西側には洋書を扱う銀杏書房が健在だ。専門書からお洒落な絵本やカレンダー、趣味の本が並ぶ。西に一本入ったブランコ通りも、ギャラリーや老舗の喫茶店などが集まる魅力の界隈だ。そして秋には金木犀がその存在を香りで教えてくれる。

最後は旭通りだ。国立デパートというレトロな響きに誘われてまた脇へ寄り道。ずっと東の突き当たりに見える大きなアカマツが気になって見にいったり、戻りながらギャラリーを見たり、時間は瞬く間に過ぎる。多喜窪通りに出たら反対側の歩道で戻る。じゃらんじゃらん小舎にはぬくもりのある手工芸品が展示販売されている。二階は不思議な手作り空間の喫茶コーナー、橅《ぶな》の木だ。駅方向に歩くと老舗のケーキ店、自家製アイスクリーム店など甘いもの好きには誘惑も多い。少々脇に入ればガラス中心の作品や洒落た雑貨を扱うギャラリーゆりの木がある。この界隈もギャラリー、紅茶専門店など、こだわりの店が少なくない。全くもって一日では足りないが、いつも満足できる街でもある。

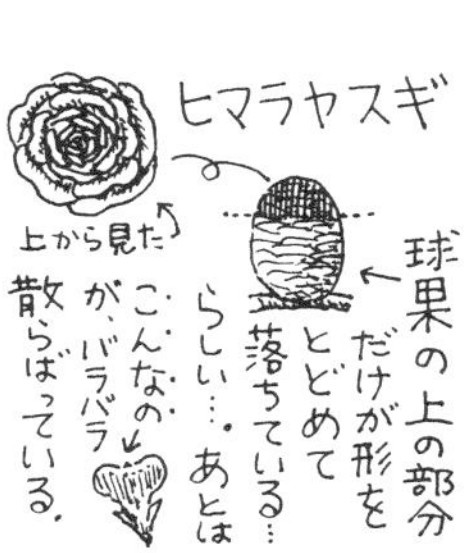
ヒマラヤスギ
上から見た
球果の上の部分
だけが形を
とどめて
落ちている…
らしい…あとは
こんなの
が、バラバラ
散らばっている.

レインファーム

↖屋根の草にも注目!

本当に雑貨が沢山!!

SAP《サプ》

ヤマネやモモンガ、フクロウもいた!

国産杉の軽いイス

↖こんなショーウィンドウだと ついつい立ち止まってしまいます。

ギャラリー ゆりの木

ガラスの美に開眼!

アクセサリーなども色々あり

→グラスの底

ランプ↓

銀杏書房

そこにあるだけで「国立」を感じます…

国立本店

毎回、何が出るかワカラズ、オモシロイ!

手頃な価格のシルクスカーフについ手が…☺

いふがお

ノブドウなどの植物がとてもよい感じのアプローチ

じゃらんじゃらん小舎《ごや》

1Fがギャラリー、多種多様の手作り品♪

2Fが「橅《ぶな》の木」、チャイが◎ 不思議空間

バンブー

お洒落なセンスが
光るパンの数々…

ベッカライ
しゅんた

さわやかなムード.
ランチセットなども.

農家の台所
くにたちファーム

人気のサラダ・バー
左は販売の野菜

カフェ玄

玄くん♡♡
次はカレーかケーキか!!

アンネのバラと大学通りの桜

「アンネの日記」の著者、十五歳で命を失ったアンネ・フランクを偲んで作出されたバラ。平和への願いが込められたバラはアンネの父から日本に贈られ、国立市内でも市役所などに植えられている。くにたち郷土文化館では冬の日にも可憐ながら力強く咲く花を見ることができた。

「桜の治療中です」という大学通りの小さな看板。「春に咲いていたムラサキハナナを細かくして肥料にして土を良くし、ミミズが住めるようになりました。桜が元気になるように見守ってください。桜守」という旨のメッセージに心がなごんだ。

❽いふがお
国立市中2-17-4-101
042-571-6338
11時～18時（冬期は～17時）
㊡不定休

❾農家の台所 くにたちファーム
国立市東1-16-17 ポポロビル南館3F
042-571-4831
11時～14時半、18時（土・日曜・祝日は17時半）～22時（21時LO）
㊡月曜（祝日の場合は翌日）

❿銀杏書房
国立市中1-16-37
042-572-1091
10時（土曜は12時）～18時
㊡日曜、祝日

⓫じゃらんじゃらん小舎
国立市東2-5-20
042-577-3908
12時～20時
㊡月・火・水曜
（2010年2月より木曜も）

⓬ゆりの木
国立市東1-15-20
042-573-6663
11時～19時
㊡ギャラリーのみ月曜

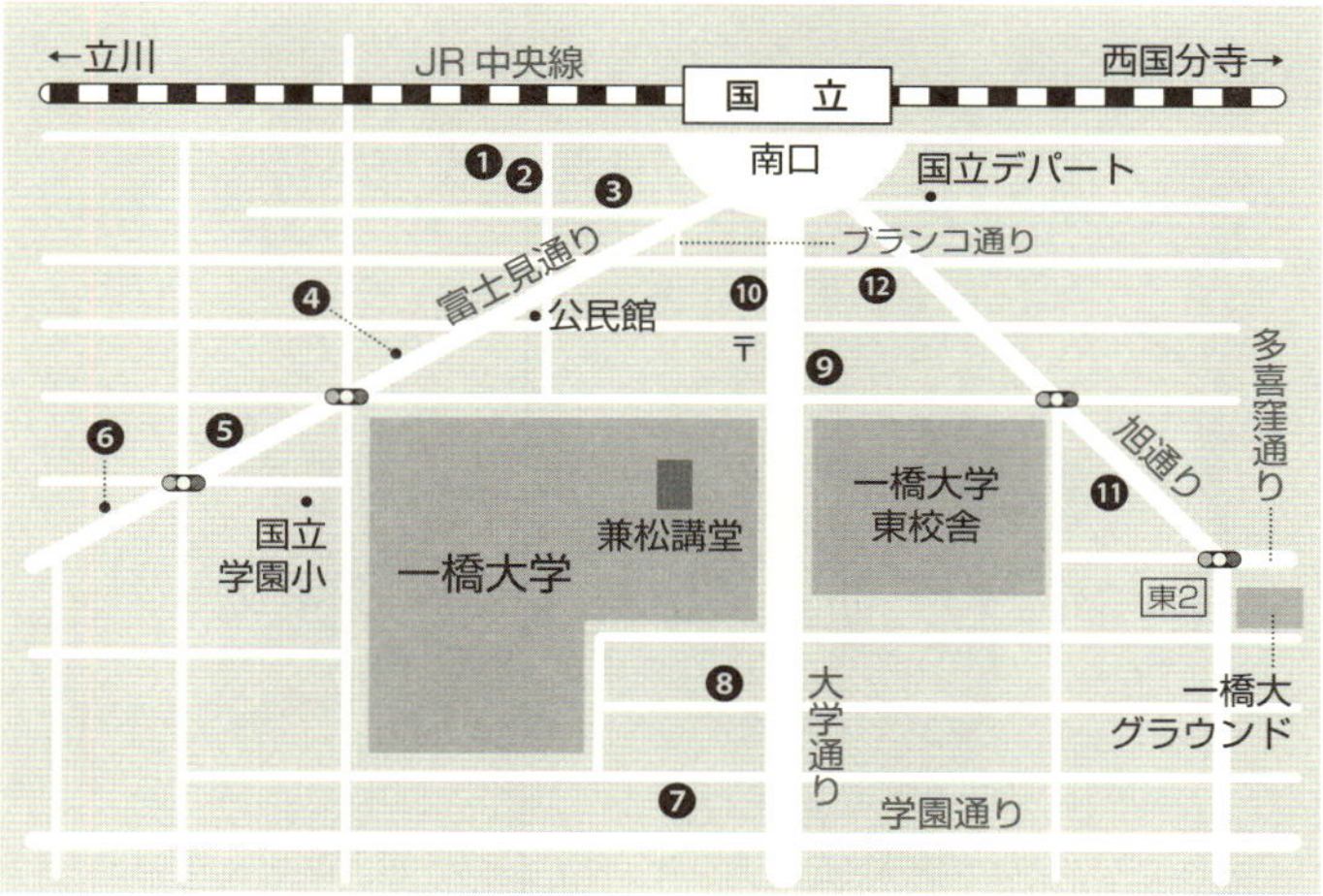

❶国立本店
国立市中1-7-62
042-575-9428
12時～17時　㊡火曜

❷SAP　サプ
国立市中1-7-75
042-573-4780
10時半～18時　㊡日曜

❸bambou　バンブー
国立市中1-8-13
042-577-5168
10時～19時　㊡月曜

❹あお空花店
国立市中1-19-26
042-577-8995
9時～19時　㊡火曜

❺ベッカライ しゅんた
国立市中2-4-7-101
042-571-5634
8時～19時半　㊡水・第3火曜

❻レインファーム
国立市西2-12-16
042-501-2291
10時～19時　㊡不定休

❼カフェ玄
国立市中2-19-107
042-574-8071
12時～19時　㊡火・金曜

ギャップが楽しい 立川

近代的な駅前から緑陰の根川、残堀川、多摩川沿いの道へ

立川というと駅前のデパートやシネマが入った大きなビル、未来都市を思わせる高架のモノレールが走る街のイメージが強い。そんな駅前から離れれば、古くからこの地に住み続けている人々の暮らしが見えてくる。ここでは駅の南側を諏訪の森から多摩川へ向かって歩き、小さな流れが憩いの場所となっている根川緑道を中心に辿ってみたい。道中、広い屋敷にケヤキの大木が生えている家、板塀や生け垣のある路地など少し懐かしい風景に出会えるだろう。

多摩川のノカンゾウ

ヒマラヤスギと白い鷺
根川の貝殻坂橋付近にて

立川駅を南に出たらデッキの向こうに見える、多摩モノレールの立川南駅に向かってすぐ右手に降りよう。まず諏訪神社を目指して諏訪通りを歩いていくと紙匠 雅がある。日本各地のこだわりの和紙や書道用品、工芸品などが並び、字や絵を描く用がなくても眺めているだけでなんだか楽しくなってくる。そのまま諏訪通りから道路を渡り、柴崎図書館脇の細い道に入ると緑豊かな諏訪の森公園と諏訪神社が見えてくる。立派な社殿の周りはすっきりと整備されているが、ところどころに古風な懐かしい佇まいも残っている。プラタナスやケヤキの大木もあり、夏にはヒマラヤスギの参道から蝉の大合唱が聞こえてくる。

参道を南に出ると柴崎分水跡の説明板が立っている。その向かいにある小さなお社のお狐様はなかなか素敵だ。少々西に行くと大ケヤキが立っていて、幹に深い割れ目が入り風雪に耐えた凄まじい姿だが、見上げれば青々と葉が茂っていてホッとする。南下して普済寺まで行く道中、水路が見え隠れする。大きな寺ではお堂の前のアカマツや土手上の二本のイチョウ、墓所から生えている大きなアカマツ、たくさん並んだ蓮の鉢が目を引く。

残堀川。実は美しい川とはいえない。視界に入るものにコンクリートが多いのだ。上流では工事による水涸れもあって問題となったらしい。しかし幸いにしてこの辺りでは水が流れ、遊歩道沿いの桜や木々がのどかな美しさを添えてくれている。さらに間近にある多

摩川のおかげか、カルガモやサギ類、カワセミも見ることができる。そしてヒヨドリやムクドリはもちろん、カワラヒワやセキレイなど小鳥たちも健気な姿を見せてくれる。

　左に分岐している根川緑道に入る。整備されたせせらぎ沿いの緑道は、親子連れや高齢者に親しまれている。春の桜並木の美しさは言うに及ばず、夏の緑陰や紅葉の季節にも訪れたい。大きな鯉も多いが初夏には鯉よりずっと小さなカルガモのひなが四、五羽ずつ親に連れられて可愛い姿を見せてくれる。アオダイショウもいるので彼らにとっては危険もあるが、多摩川とは異なる小さな穏やかな流れは格好の子育ての場となっているのだろう。

　市営球場か陸上競技場のところから右へ多摩川に出られるので、自転車に気をつけながら河原を散策してみたい。日野橋付近には飲食できる店がいくつかある。矢川緑地に足をのばしてからＪＲ西国立駅方面に向かうもよし、根川緑道から菖蒲園のある立川公園を経てぶらぶらと立川駅へ戻ってもよい。途中で方向が不安になったら、モノレールがのびる方向を確かめながら歩けば間違いはない。もちろん一番間違いのないのはモノレールに乗ってしまうという手（足！）だったりするのだが。

おばちゃんのサンマにまつわる想い出
日のメニュー
サンマの塩焼

Cafe Talk Space

紙匠 雅

和紙はもちろん、色々なモノがある中、日本熊森協会の素敵な冊子も発見！

100円！

クマと
きりと
ひと

三椏

トークスペース

メニューのイラストに思わずブハハッ!!
パンもお勧め！

美しい～♡
&
美味しい～！

レンタルスペース & ギャラリーカフェ 夢工房

やった～！
やっと気に入った箸包みを見つけました。
服からアクセサリーまで色々。

食堂 marumi-ya

窓の外は公園の緑！

ベーカリー & カフェ 麦²《ばくばく》

ドリンクもパンも
おサイフにやさしい
明るいお店です。

Garden & Crafts Cafe《ガーデン アンド クラフツ》

素敵な緑のインテリアに
ランチもケーキも

WEIZEN BROT《ヴァイツェン ブロート》

ドイツ風のパンの
他にもラスクや
ケーキっぽいものも。

立川の花鳥風…虫?

根川緑道にて.
コムラサキの実がきれいです.
地面の穴?
アブラゼミが沢山ないていたわけです!

諏訪神社のりんご、いえ、椿の実でした.

セイタカアワダチソウも橋の上から見るとかわいい?川原に似合います.

桜の黄色い葉、つい拾ってみたらウラには同じ色の虫!天道虫の一種でしょうか…?

諏訪の森のベンチでおやつタイム…
すると… サーッと飛んできたのが
この方たち

ヒヨドリ

「おこぼれをあげない」ポリシーも揺らぎます….
でも、こんなに来たら困るでしょ…

←これはムクドリですが.

サルスベリの並木

すずらん通り(駅から市役所方面)には百日紅《サルスベリ》が続きます.花期が長く楽しめるピンクの花.
ある日、白花のサルスベリを1本だけ発見!
昔、白い素麺の中の1本のピンクの麺をもらって嬉しかったことを思い出しました.
(後日、別の通りでも数本見ました)

根川緑道のサギたち

緑道を行く人々の目を楽しませ、とりわけ子どもたちやお年寄りのアイドルとなっていたカルガモ親子が人馴れしていたのは納得できたが、こちらがびっくりしたのはサギたちだった。多摩川で見るアオサギや大小の白いサギたちは、十メートルの距離をおいてさえカメラを向けると飛び立ってしまったのに、根川で出会う彼らはまず十メートル離れたところからおそるおそるカメラを向けても、五メートルに距離を縮めてもまだ逃げない。「お願いだから逃げないで」と思いながら歩を進めるこちらの心臓の方が、よほどドキドキしていたにちがいない。

ケヤキ　欅

ニレ科　落葉大高木。古名槻《つき》。葉は互生で粗い鋸歯がある。秋の黄葉も派手さはないが美しい。樹皮は灰褐色で平滑。老木になると鱗片状にはげ、独特の模様を作る。公園や並木に植えられる。武蔵野の代表的な樹種。大きく立派な木も多く保存樹などに指定されている。

若木の枝の葉は
大きい。
実のつく枝の葉は
小さくて細め。

❶紙匠 雅
立川市柴崎町2-2-19 カトービル1F
042-548-1388　10時～18時
㊡第1日曜、10・20・30日、年末年始、夏休み
❷トーク・スペース
立川市柴崎町2-2-13
042-527-1636
11時半～18時　㊡土・日曜、祝日
❸Rental space& Gallery cafe
夢工房
立川市柴崎町2-3-3、2F
042-843-7818
11時～17時　㊡水曜
❹Garden&Crafts
ガーデンアンドクラフツ（カフェ）
立川市錦町6-23-18
0120-41-2877
11時～19時（18時半LO）　㊡水曜
❺ベーカリー＆カフェ 麦^2 ばくばく
立川市柴崎町3-13-11
042-527-2721
8時～18時　㊡日曜、祝日、年末年始、臨時休業日
❻食堂marumi-ya
立川市錦町1-5-6-206
042-528-6226
12時～20時LO　㊡日曜
❼WEIZEN BROT
ヴァイツェンブロート（パン）
立川市錦町1-6-19
042-527-2176
9時～19時　㊡日曜

緑と清流の 日野

穀倉地帯の名残の水路がある街 点在する雑木林を豊田から日野へ

黒川清流公園、多摩平第一緑地、多摩平の森、神明野鳥の森など、随所に緑と水の環境が保全されている。日野市には身近な水環境を守りたいという市民が気軽に参加できるボランティア「用水守」制度があるという。路地に入るとそんな地道な努力が見えてくるような気がした。散歩しながらそういう刺激を受けて帰るのも悪くない。

多摩川の土手も近いので、寄り道するのもよいだろう。鳥を見る機会が多いので望遠鏡があるとなおよい。

トキワサンザシの実

すっと伸びた幹に
枝振りもよいユリノキ
多摩平第一緑地にて

豊田駅北口から多摩平第一緑地を目指すが、何となく足は反対方向に向かって駅前の大通りから一本西の通りをぶらぶら歩いている。ふと、猫をテーマにした小さな店、ねこ工房グーグーに引き寄せられる。その後、進路修正して大通りに出るが次はベーカリーに誘われる。アイグランの店内にはサービスのコーヒーがあったので、外のベンチで買ったパンをいただく。「今度こそっ」と気合いを入れたわりには自転車置き場脇のイイギリの朱色の実に引き寄せられて足を止めてしまう。山王下公園はごく小さいが草花がいっぱいでよい感じだ。メタセコイアの並ぶ坂道を上り、多摩平第一緑地の林に入る。コナラの細長いどんぐりに混じってクヌギの丸いものがころころというよりごろごろ落ちている。

左の多摩平緑地通りのカーブで道路に出て多摩平の森を目指す。団地の中だがカツラ、モミ、ユリノキなど大きな木が生えた明るい森の中にはピクニックテーブルが設置され、遊歩道がある。ここから少し北にはベッケライならもとがあるので寄り道してもよい。

多摩平第一緑地に戻り、南に細道を下る。エノキやコナラが茂る下には黒川清流公園のせせらぎが流れている。カルガモやコイ、トンボ、蝶…。「あ、クヌギの幹に見えるのは、カブトムシだ！」小さな流れに沿っていくと行き止まりの手前に左の林に入る細道がある。登っていくとまもなく住宅地から日野バイパスに出る。右手のＪＲの線路の向こうが神明野鳥の森だ。ここも自然があまり手をつけられずにいるためか、広くはないのに何となくわくわくするところだ。虫捕り網を持った子どもが数人、土手の上を歩いていた。

そこから日野市役所までは普通の道路を歩くが距離は短い。市役所手前の安全緑地見本園という樹木園は「香りの木のゾーン」などもあり、小さいながら楽しめた。「安全緑地」がいかなるものかはここでは説明しないので、気になる方は現地でお確かめを。

実践女子短大前の桜並木を進むと崖になる。目前の階段を降りていってもよいが、左へ折れた先で高速道路を渡り、坂を下ると日野駅のホームからも見える赤い屋根の地蔵堂がある。そこから宝泉寺や大昌寺を経て用水路のある街の様子を楽しみながら東の多摩川へ出てみるのもよい。市民の森スポーツ公園付近のクレア・ホーム&ガーデンでゆっくりと英国風の庭園の木々や草花を眺め、食事やケーキ類、お茶でくつろぐこともできる。

多摩川では奥多摩などの山々を背景にして鉄橋を渡る中央線、反対側にはモノレールが見える。小鳥やカモ類に加えてコサギやチュウサギ、アオサギ、カワウなどの大きな鳥もよく見られる。日野駅へはところどころ用水路が現れる裏道を行くとよいだろう。

ユリノキ
クリーム色に
明るい朱色.
つい拾います.

メローグッズ

← このウィンドウに引き寄せられました。

ねこ工房 グーグー

ブックカバー（部分）

オリジナルのねこが店の中に沢山います！
プレゼントにもグー！

ベッケライならもと

ポイントでもらえるエコ・バッグは店長さんのオリジナルデザイン ↓

ひとつひとつが美味しそうで迷います。ペット用の「ホネぱん」も！

アイグラン

駅前通りのパン屋さん
クリームパンなども人気！

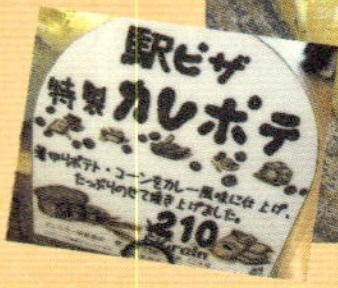

Clare Home & Garden

クレア・ホーム&ガーデン

← 小屋までお洒落。
もちろんテューダー様式のレストランはスバラシーです！
いただいたりんご♡

悪名に泣く道端の名花これくしょん

ヒメジョオン（ジオン）

左のハルちゃんと通称「ビンボーグサ」姉妹

ハルジョオン（ジオン）

早く咲くのに妹の感じ。ピンクのくせっ毛のせい？

オオイヌノフグリ

私の中では「空の鏡草」

キウリグサ

他に比べれば悪くはない名かも…

ハキダメギク

♡がかわいいのにね…

カタバミ

名前に文句はないけれど踏まれます

ヘクソカズラ

別名のヤイトバナの方がまだマシでしょう

ベニバナボロギク

黄色いボロギクもきれいな花なのです

多摩平の森

森を抱いた日野台地はかつて高倉高原と呼ばれ、鷹狩りが行われていた。その後、桑畑から御料林の時代を経て、昭和二十三年にA・R・ストーン牧師の目にとまり中央農村教化研究所が開設された。牧師は大正十五年にカナダから来日、信州で布教活動や貧しい人々を指導して社会教育や文化発展に貢献した。戦争で一時帰国の後、再び来日したが昭和二十九年、五十二歳の時、台風による洞爺丸の転覆事故でこの世を去った。自分の救命胴衣を青年に譲ったという話は、小説『氷点』の中にも出てくるという。そんな歴史の物語がある森は、牧師の心のように清清しい。

ユリノキ　百合の木

モクレン科　落葉高木。北アメリカ原産。別名半纏木（ハンテンボク）は葉の形から。5月頃黄緑がかったクリーム色に朱色の模様が入ったチューリップのような花が咲くのでチューリップツリーという名もある。樹皮は灰褐色で縦に浅く裂ける。花のような実の形も面白い。公園や街路樹に。

兄弟って
（姉妹）
こんな感じ？

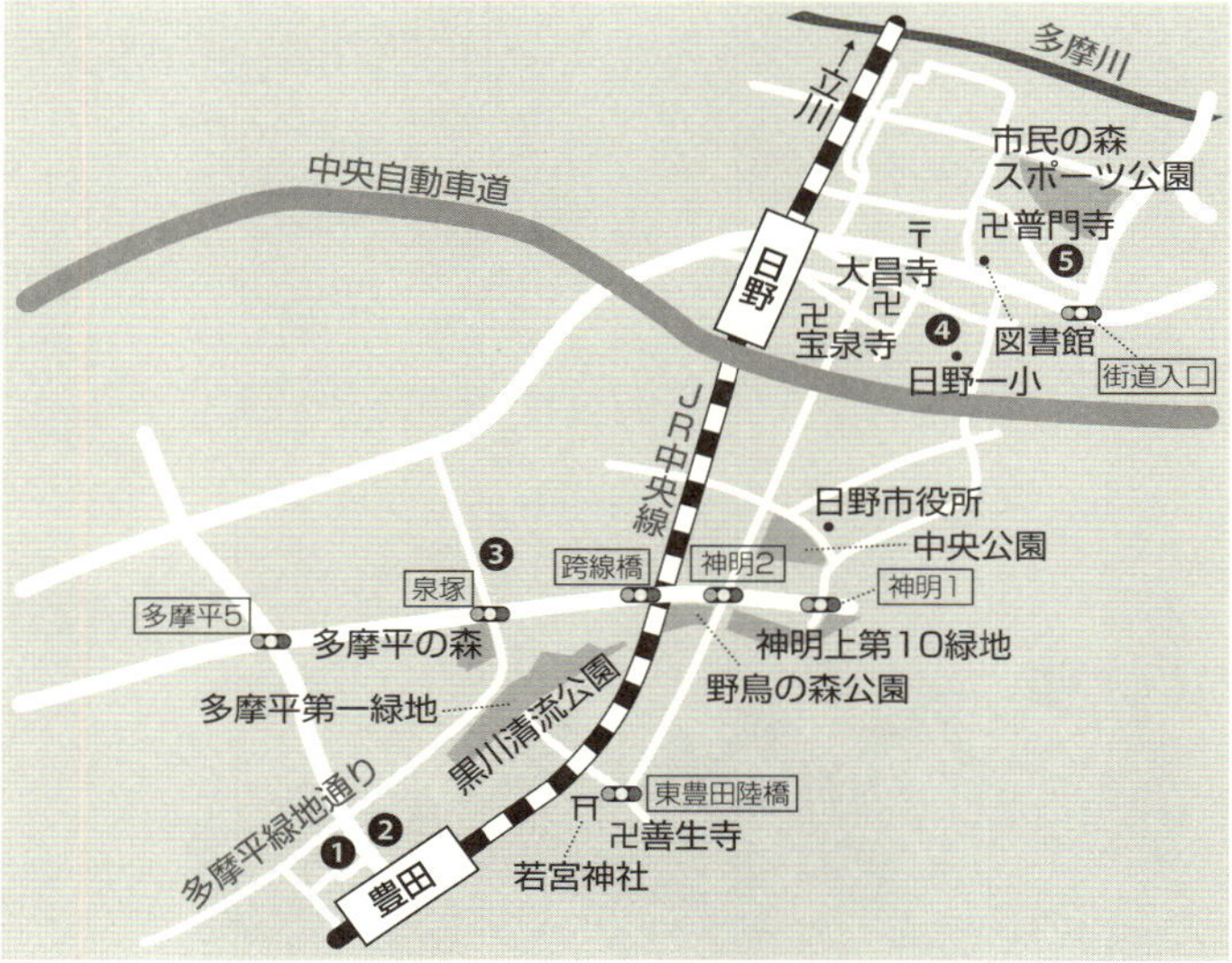

❶ねこ工房グーグー
日野市多摩平1-2-3
042-589-0122
11時～19時　㊡不定休

❷アイグラン
日野市多摩平2-3-3
042-584-1866
平日7～20時、
土・日曜、祝日8時～19時
㊡不定休

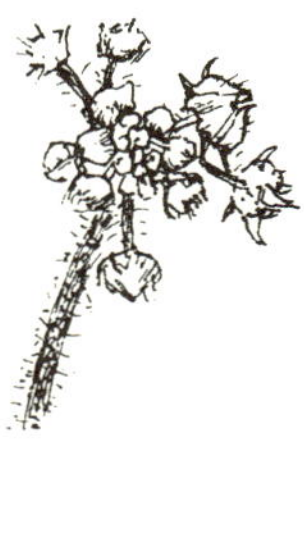

アレチウリ

❸ベッケライならもと（パン）
日野市多摩平6-34-3
042-586-6685
10時～19時　㊡日曜、祝日

❹メローグッズ（手作り布製品）
日野市日野本町2-13-14
10時～18時半　㊡不定休

❺Clare Home & Garden
クレア・ホーム＆ガーデン
日野市日野本町7-10-6
042-582-1313
10時～18時　㊡日・月曜
＊G.W. ～6月末は月曜営業

よりどり緑の

高尾

高尾山抜きでも森沢山
気軽に歩ける森を訪ねて

金比羅山から初沢《はつざわ》城跡、ケヤキ並木の美しい武蔵陵前、南浅川の桜並木や甲州街道の銀杏並木、そして多摩森林科学園。やはり高尾山のお膝元は樹木に囲まれている。しかし高尾山に登るほどハイキングを意識しなくても散策できる森や林、川があるので、気軽に楽しめる。ただし森林科学園だけでも園内の散策路は長いので、時間と体力に合わせてルートを調整したい。

それぞれがよい味を出している実力派の店に寄るのも楽しみのひとつだ。

高尾天神社の梅

熊野神社の「縁結びの木」
ケヤキ（左）とウラジロガシ

高尾山の前山といわれる金比羅山。高尾駅南口から五分ほどの最初の登山口は急なので、少し先の「こんぴら小道」から登ろう。約十五分ほどで着くこじんまりした山頂には、金刀比羅宮がある。普段は近所の散歩の人が訪れる程度で静かなところだ。

参道の石段の向こうは山道となり高尾山口へ続いているが、今日はすぐに三和団地に降りる。住宅団地を抜けて先ほどの道路の続きに出たら南(右)へ向かうと高乗寺がある。初音橋という美しい名の小橋から文字通り桜が美しいさくら階段を上る。その上が初音坂だ。坂の上から今来た方を眺めると山麓に集落が小さく見え、別世界を見ているようだ。

初音台公園から左に曲がって左に折れながら進むと初沢山への山道に行きあたる。左へ登れば十分もしないうちに山頂に着く。ベンチでひと息、丹沢方面を眺めながら休んでいこう。頂上から少々戻ると北への散策路があるので下っていき、雑木林の中をほぼまっすぐ進めば左手が浅川中学校の学校林となる。右手に梅がたくさん植えられた高尾天神社が現れ、先には菅原道真の大きな銅像があり、下への階段がある。県木園の中を下る小道もあるのでお好きな方を。この辺りはイタヤカエデやコナラ、イロハモミジの紅葉の美しいところだ。金色のみころも霊堂には全国の殉職者などの霊が祀られている。公園から北に歩き、駅に向かって右にいくと町田街道との交差点がある。

初沢山に登らぬ場合は、その森を左上に見ながら道路を右手へ進んで桃源台公園の角を左に折れ、ゆるい坂を下っていく。町田街道に出る手前にエキゾチックなカフェテラス、トゥーマイが見える。その後は北に向かい、春なら高楽寺の枝垂れ桜の妖艶な姿を見ていこう。秋のその姿も風情がある。

車が多い町田街道は足早に進む。甲州街道との交差点左には熊野神社があり、「縁結びの木」といってウラジロガシとケヤキが身を寄せ合って生えている。冬はケヤキに寄生し、丸く茂ったヤドリギがよく見える。多摩森林科学園に向かうならそのまま高尾街道へ進むが、余裕があれば南浅川沿いから陵南公園、ケヤキ並木、武蔵陵を訪ねてから森林科学園方面に戻ってきてもよいだろう。

森林科学園から高尾駅に向かう途中で右に入ると浅川支所の裏の川の淵に出る。歩道橋で川を渡り甲州街道に出て左へ。駅へ戻る途中、昔からの和菓子屋さん二軒でお土産やおやつを調達してもよいし、駅前の喫茶ラ・ネージュでひと息つくというのもよいだろう。お彼岸とお盆、桜見学の4月は混雑するので、時期か時間を少々ずらして訪れたい。

幼い青緑の
銀杏を
見たことは
ありますか

Cafe Toumai
トゥーマイ

アーティストが民家を
改築したカフェ。
デッキも気持ちよい。
←この通り!

アフリカの料理
など珍しいものや
ホームメイドの
ケーキも♡

しまった。またやったか→
写真を撮る前に、つい
ひと口食べてしまいました…

ギャラリー 檀

絵を楽しみながらゆったりと…
大きなシフォンケーキはレモン・バナナ・
抹茶・紅茶の4種。食事もできます。

有喜堂支店

そばまん

豆大福やおさつまんじゅう、
数えきれないお勧めの品々…

↑包み紙も渋くて好きです。

萬盛堂

上品な味の芋ようかんから
庶民の味のお団子まで

こちらの包み紙も歴史を
感じさせてくれます。

Le Neige
ラ・ネージュ

"雪"という意味なんですね。

花咲く明るい窓辺や木のカウンターが
落ち着ける店内。美味しいコーヒーと
↑コレ!! レアチーズで疲れもとれます。

ヤブヤンマ（藪蜻蛉）

山が近い高尾の道路には、クワガタからオオムラサキまで様々な虫が力尽きて落ちている。時にはカブトムシも歩いていた。甲州街道で拾ったヤブヤンマ。初めて見たが普通に見られる種らしい。

「藪」の字が書けなかったので、調べたら「やぶ＝草木のしげる所」の他に「さわ＝ぬま・みずうみ　草木がしげり鳥獣などの多く集まる所」（「漢語林」《大修館書店》）という意味もあった。「水」の存在を強く表わす後者の意味を知ることができた「知的よりみち」（実は無知的か。）でした。

多摩森林科学園

春になると約二五〇種、一七〇〇〇本の桜を見学に来る人々で混雑するが、その時期をはずせば大抵空いているのでゆっくり自然を観察しながら歩くことができる。

道路沿いからもメタセコイアなどの林下に小川の流れが見えるが、春や秋の秀景に誘われてつい入りたくなる。樹木園の木々や草花も高尾山で見られるものはもちろん、外国種などもあるので種類の多さを楽しめる。斜面につけられた散策路をまわればミニ・ハイキングになる。高尾山と違って入園料が必要だが、樹種名プレートがつけられているサービス代と思うことにしよう。

イチョウ　銀杏・公孫樹

イチョウ科　落葉高木。特徴ある葉は黄葉が美しい。火災に強いので並木や寺社、学校に植えられる。ギンナンは長く食用にされてきたが近年では葉のエキスが利用され海外では医療用に使われている。幹は浅い縦縞が入る。幹や枝から垂れる気根を乳と見て信仰の対象にもされる。

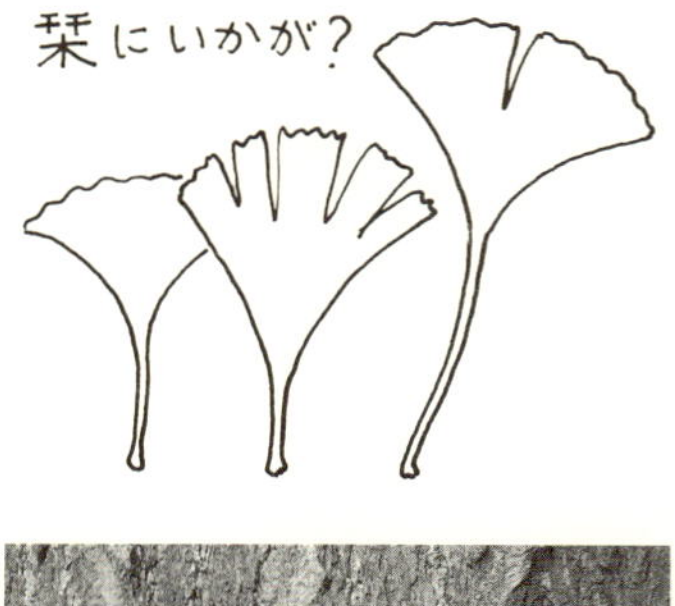

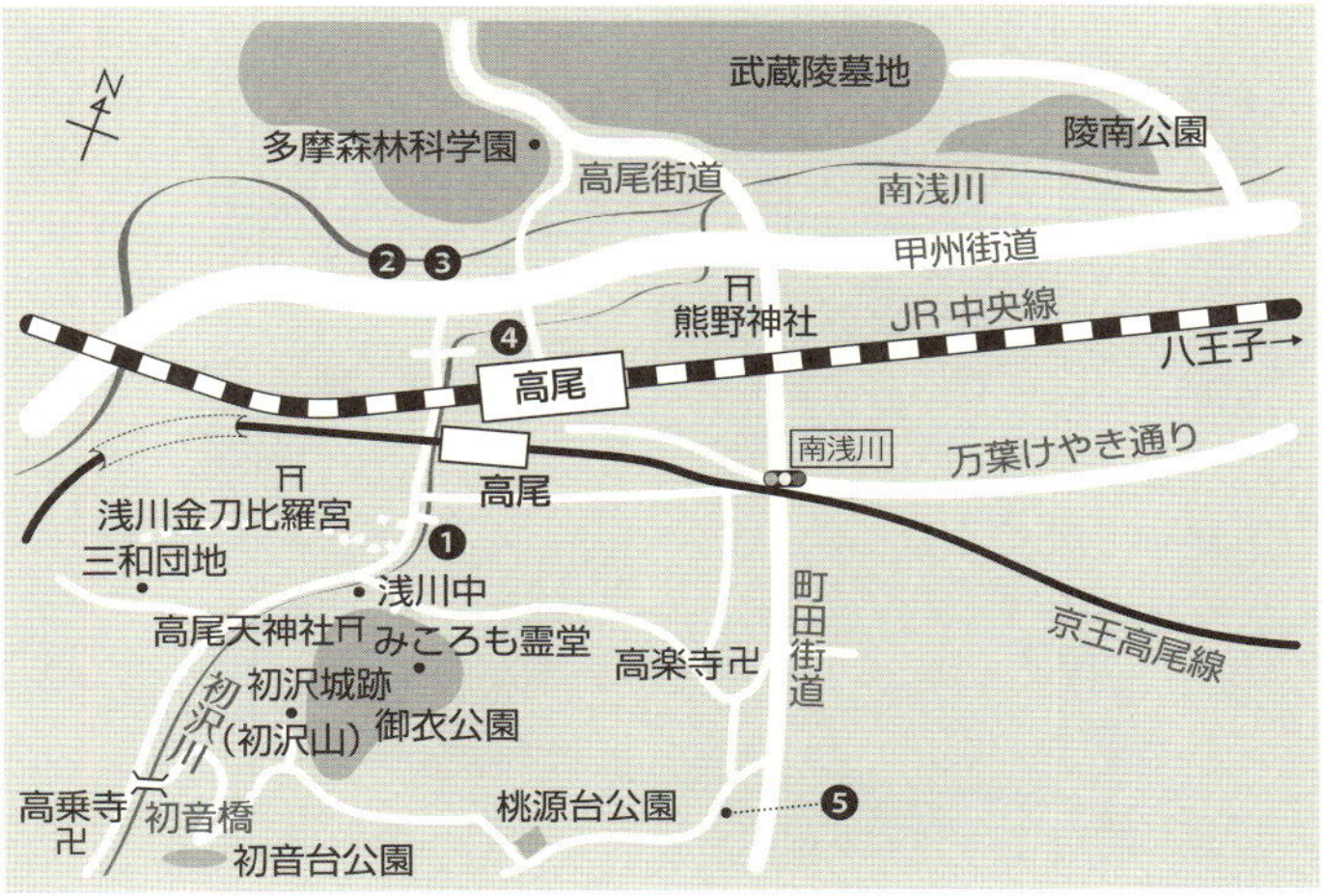

❶ギャラリー檀
八王子市初沢町1360
042-668-5424
水～土曜10時～18時
（10～2月は～17時）
❷有喜堂支店（和菓子）
八王子市高尾町1623
042-661-0146
8時半～19時　㉁月曜
❸萬盛堂（和菓子）
八王子市高尾町1618
042-661-0114
9時～19時　㉁水曜

❹La Neige ラ・ネージュ
八王子市高尾町1580
042-665-9980
10時半～19時　㉁月曜
❺Toumai トゥーマイ
八王子市館町657
042-667-1424
11時半～23時（日曜は～21時）
㉁月曜
●多摩森林科学園
八王子市廿里町1833-81
042-661-1121
9時半～16時（入園は～15時半）
㉁月曜（祝日の場合は翌日）、12/26～1/15　＊4月は無休

朱雀路を行く 相原

ひっそり残った七国峠と里山の魅力を訪ねて

他の地域と同様、横浜線の相原駅前もまだこれから変わるのだろう。しかし周辺の民家には大きなケヤキが生え、庭先での野菜直売や畑も見られるし、少し歩けば里山の雰囲気が色濃く残っている。また、そんな緑の環境を残そうとする活動も見受けられるのでこれからも散歩が楽しめる場所であり続けてくれるだろう。「朱雀路《すざくじ》」とも呼ばれる小道を辿り、谷戸の風景や雑木林の中のミニ・ハイキングを楽しみながら、小さな宝石のような地域の魅力をじっくり味わいたい。

お茶（チャノキ）の花

「豆柿」と呼ばれている柿
小さめの実をたわわにつける

相原駅改札を出て左へ階段を降りると、右手に線路沿いの道路があるので進む。何年も前に周辺を歩いていたら「朱雀路」という素敵な道標に行きあたり、調べたらＮＰＯ夢連などによる命名だという。残念ながら夢連の活動は休止中で道標も朽ちてきたが、やはり魅力のある場所だからなのだろう、他のグループによる道標が現れ始めている。

道路奥の住宅脇の細い路を進むとすぐに草原になる。左の川沿いの小道から行っても、草原を突き進んで左に折れて、林の縁の散策路を辿ってもよい。後者は朱雀路のルートで「豆柿」（種類ではなく小さめの実ゆえの呼称）と呼ばれる柿の木が目印になっている。

その先には瓦などを焼いた窯跡「古代窯の谷」がある。そのまま林の縁に沿って進むと市民農園となる。ベンチがあり、野菜の他に草花も植わっていて楽しく歩ける。春は一面に諸喝采（ムラサキハナナ）が咲くのどかな草むらの大きな木の下には獣魂碑があった。

道路に出たら右へ。カラスや雀の声がするが奥には養鶏場がある。養鶏場よりも手前で右へ、坂を上っていくと尾根道に出る。道標もあるので左へ、コナラやイヌシデなどの雑木林の中を進む。突き当たりの分岐で左へ折れると目と鼻の先に次の分岐があり、左の小高くなったところに石碑が立っている。これが鎌倉古道の七国峠だ。

右の切り通しの道へ進むとすぐに右上へ手すりのついた階段がある。上には広場があっ

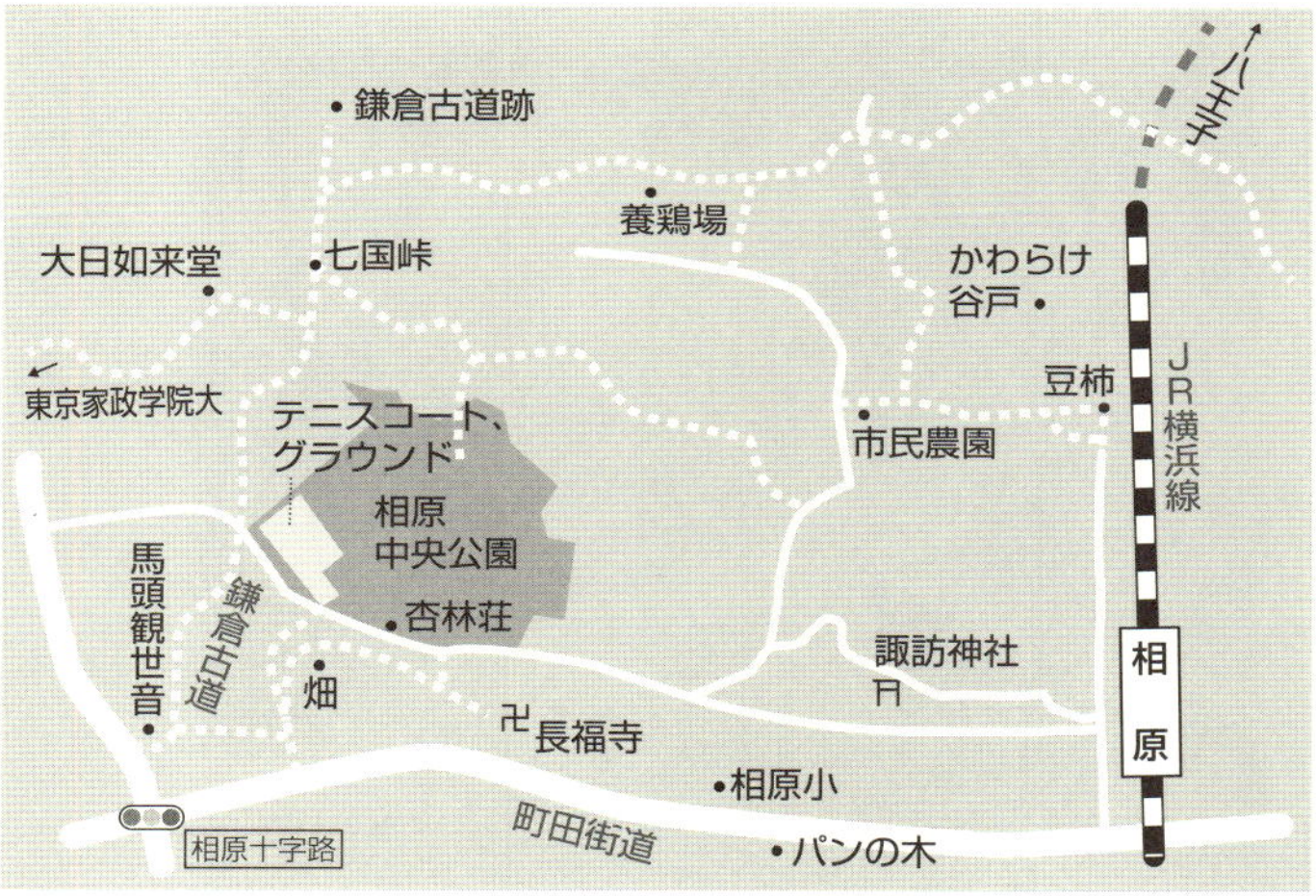

て大日如来が祀られている。そこから家政学院大方面へ下れば、大学からバスで京王線めじろ台駅などへ出られる。

七国峠から左の道をとると相原中央公園に入るので休憩によい。公園のテニスコートの向かい側の林中へ細道を上っていくと長者窪という畑の広がる秀景がある。つい見とれて畑に入らないようにしたい。林の縁に続く朱雀路を長福寺へと辿れば、付近から橋本行きなどのバスもあるが、諏訪神社を経て、のんびり相原駅へ戻ってもよい。

●NPO法人みどりのゆび（042-734-5678）発行の「多摩丘陵フットパス2」にわかりやすい地図がある。
●パンの木　町田市相原町1667-3
042-774-7858　6時～19時　㊡月曜

多摩のよこやま

多摩丘陵のいにしえの道とかつての「ニュータウン」を歩く

万葉集に「多摩の横山」と詠《うた》われた多摩丘陵の尾根に遊歩道「よこやまの道」がある。鎌倉古道や奥州廃道などの歴史的な街道とも交わり、有名無名多くの人々が通った道だ。周辺には歴史的な遺構も多い。ここでは全長約十キロの道のりのおよそ半分を取り入れ、後半は団地の立ち並ぶ中、意外と緑多くの静かな道を多摩センター駅へ歩く。終点近くの多摩中央公園のグリーンライブセンターなどを見るためにも、ある程度の時間の余裕を持つとよいだろう。

星のようなウグイスカグラ

尾根道の立派なコブシ
花はヒヨドリの好物らしい

若葉台駅から丘の上広場を目指す。ベンチや街路樹、植え込みの多種類の草木がいかにも整備されたという印象だ。見落としそうな道だが稲城六中手前で左に入る。信号を渡って右手に稲城台病院を見ながら坂を上っていくと、左に「よこやまの道」の入口がある。

雑木林の尾根道はよく整備されてジョギングや散歩に利用されている。ホオノキやヤマボウシ、大きなコブシの木が道を覆うようにして枝を伸ばしている。桜も多い。コナラやクヌギ、アブラチャンやミズキ、カキなどの落葉広葉樹林の散歩はいつの季節も気持ちがよい。コナラの幹に黄色い繭がついていた。眼下には各所で開発される光景が見えるが、この細い緑の帯に頼る生きものも少なくないのだろう。諏訪ヶ岳という名の小高い丘を過ぎ、「もみじの広場」へ。ひょろっとした木にあと十年は名前負けだなと苦笑したが、紅葉が美しいメグスリノキや太いミズキも生えている。少し先の展望広場からは多摩センター駅前のビルや富士山などの山々も見渡せる。さらに進むと道路に出るがその先にも道標が立っているので安心だ。ただし少し先の左手にベンチと案内板があるが、その脇の階段を降りたらいけない。道路を進んで眼下に鎌倉街道を見ながら渡り、次の道標で細い小道を上る。左下に墓地を見て細い尾根を進み、再び道路に下る。左に恵泉女学園大を見て少し行くと左に一本杉公園の入口がある。池や古民家を見て、炭焼き小屋の前から階段を

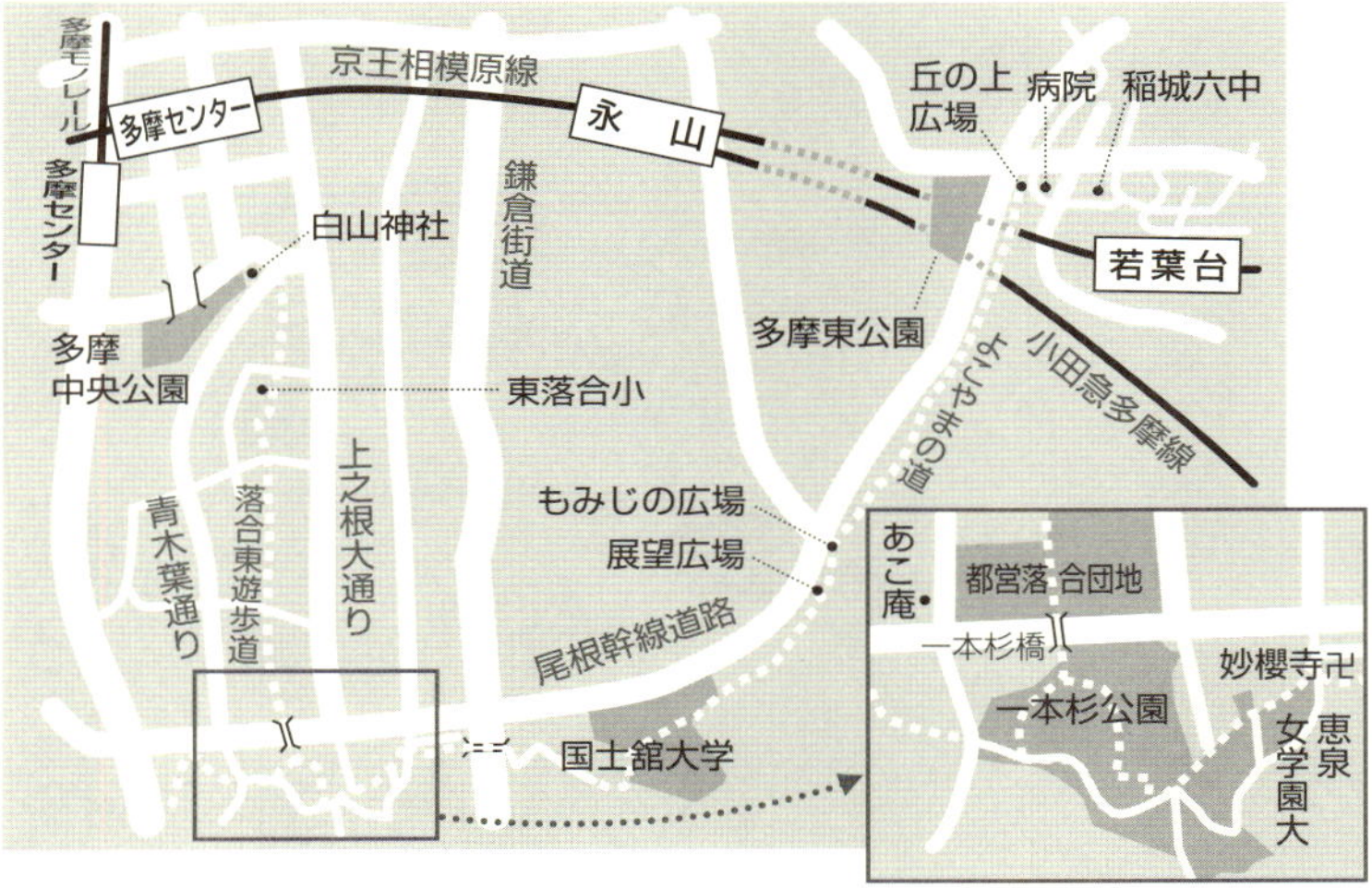

上がると出口があるが、ここには土方歳三も使ったという通称鎌倉裏街道が通っていた。

一本杉公園通りを挟んだ公園のグラウンド脇から、今日は多摩センター駅の方へ向かう。公園北側の尾根幹線道路を渡る橋から落合東遊歩道に入る。マテバシイの並木だ。林立する団地の間の生活道路はお米屋さんでおにぎりを作っていたり、手作りクッキーの店があったりと庶民的な商店街や小公園があって感じがよい。最後の階段下に畑があり、おじさんが農産物を売っていた。白山神社の境内から多摩中央公園へと道が続く。

●ベーカリーあこ庵
多摩市落合6–12–9
042–339–0504　10時～18時　㊡火曜

静かな休日には 長沼公園

何もないのが魅力 見つけられるものはたくさん

京王線沿線でひと頃前のイメージをかろうじて保っている貴重な地域のひとつ。電車を降りるとすぐに広がる田んぼや農家の風情が懐かしい。お洒落な店があるわけでもないがケバケバしいものもない。庭先販売で野菜や花などを売る場所が点在するのは見るだけでも嬉しい。自然あふれる都立長沼公園は散策路も色々選べるので変化が楽しめる。南の東京薬科大学の薬草園に寄って知的好奇心を満たしたり、北の浅川沿い歩きから平山城址公園へ足をのばすのもよいだろう。

守られて咲くカタクリ

モミジバフウの黄葉
赤く色づく葉も多いので
一本で豪華な紅葉だ

長沼駅改札を出ると左手には和菓子屋、パン屋、食堂などのこじんまりした商店街がある。都立長沼公園へ右に向かうと前方には緑の森が広がっている。北野街道を渡り、田んぼを見ながら進めば桑の木の下の祠にかわいらしいお地蔵様が。長い年月ここに立っているのだろうが、昔も今もあまり変わりなさそうな田んぼの縁の風景だ。その先が公園の長沼口だが園内には何本か散策路があるのでその時の気分でルートを決めたい。各所に地図があり気軽に歩けるが、丘陵の地形が活かされた自然公園だから足元には注意したい。

さて、初めてならまっすぐ進み、石畳の「霧降りの道」を行こう。突きあたりの分岐で左へ寄り道すると展望園地がある。遠くには奥多摩などの山々、近くには八王子や日野のビル、そして浅川が見える。先ほどの分岐の先の頂上園地にはベンチやテーブル、トイレがある。そのまま尾根道は野猿峠へ続くが、峠の小さな美術館があるのでのぞいてみるのもよい。狸の像がユーモラスな鎌田鳥山を過ぎると右手には桜の下に青々とした斜面が広がり、春から秋には各種の蝶が飛ぶ草原となる。「殿ヶ谷の道」の階段を下り、橋を渡って暗い森の中へ入るとまもなく道路に出る。道は六社宮を経て、先ほどの長沼口へ続いている。

今度はお地蔵様の横の小道を進んでいこう。住宅地と公園の間の細い土の道になり、右手のフェンスの向こうにはカタクリも咲く。道路に出たら右へ、公園の駐車場を通り越し突きあたりを左に入ると細い山道が上っている。「栃本尾根の道」だ。雑木林の中を登っていくと分岐があるので右へ。この辺り、道標もあるが作業路もあるのでよく確かめてから選ぼう。しばらく道なりに進んで公園の平山口の階段に出る。ここから駅に戻る場合は、階段を降りずに右へ行けば最初の展望園地へ続くので「霧降りの道」を下ればよい。あるいは前の分岐で新設の展望デッキへの道を選び、そのまま公園の外へ下ってもよい。降りたところに庭先販売の家があるのでお土産に見ていくのもよいだろう。道端の手入れされた花壇が楽しい。駅へ戻る途中の北野街道沿いや駅北側にも野菜や花、卵の直売所がある。

東京薬科大学の薬草園に寄る場合は平山口の階段を降りて右折、その後はすぐに左に折れ、さらに左に進路をとれば大学の正門に辿りつく。一般公開されている薬草園は珍しい植物も多いので、植物好きにとっては宝の山を見ているようだ。園内には山の斜面につけられた小路もあるのでひとまわりしてみよう。クスノキなどキャンパス内の樹木も美しく手入れされているので眺めていこう。見学の際、十人以上で行く場合は事前に申し込みをする必要がある。帰りは大学から平山城址公園駅行きなどのバスがある。

タマノカンアオイ
頭が高イ～
平伏さないと
見えないのは有名な紋所
フタバアオイの近縁種ゆえ？

本日のお土産
200円なり。

フルーブ
平山城址公園駅
改札前

「お芋の山」(右)とシナモンロール

その名も「パリパリガーリック」！
「パリパリ明太」もあります。

菱山さんの野菜と卵の直売所
ニワトリの声がのどか…
浅川沿いの道から

足をのばせば

浅川から平山城址公園へ

長沼駅の北側を流れる浅川の左岸の土手を歩いていけば平山城址公園駅へはそう遠くない。大きな鯉や川辺をさえずりながら飛ぶセキレイたち、のんびり泳ぐカルガモやマガモなどの姿を眺めつつ、滝合橋で南に渡り返せばもう平山城址公園駅だ。桜の頃なら花見がてら次の平山橋まで行ってまた戻るのもよい。

平山城址公園駅前は東京薬科大行きのバス停があるだけの小さなところだが改札前に感じのよいパン屋さん、フルーブがある。駅から公園までは七生丘陵散策路の道標を辿ってもよいし、静かな山の端の宗印寺から平山京

クヌギの
若いどんぐりが
枝ごと落ちて
いた！
絵を描くためには
嬉しくもあり、
小さいまま落ちて
しまったのが
悲しくもある.
そのために沢山
なっているのだけれど.

ホオノキの実がゴロン!!と
落ちていることもあります.
アカマツに、
何の巣
かな？

平山城址公園

王緑地内を登って公園の方へ抜けてもよい。両者は季重神社の下で出合う。ちなみにかつては公園北の尾根道から長沼公園までつなげて歩けたが現在は途中が閉鎖されている。遠回りして住宅地を長沼公園の方に戻る手もあるが、やはり面白みには欠ける。

平山城址公園内の散策路をひとめぐりしてみよう。ベンチやテーブルのある明るい斜面や、林の中の小道、池もあり、気軽に自然に触れたい時、緑の中に入りたい時にはお勧めの場所だ。七生丘陵散策路も旧多摩テックの縁へと続いており、後半は道路に出るのでやや落ち着かないが、多摩動物公園駅まで行けるので利用してもよい。さらに高幡不動駅へは程久保川沿いの遊歩道を行けばよい。

秘密の花園？

長沼公園北側の細道沿いではフェンス越しにカタクリを見ることができるが、他にも山の斜面にボランティアの人々がカタクリを大切に育てている場所がある。かの高尾山では盗掘でほとんど絶えてしまったといわれるカタクリ。盗んでも根が深いので掘りきれず枯らしてしまうだろうと聞いた。盗人がそれを知ってあきらめてくれるとよいのだが。

芽が出てから可憐な花を咲かせるまでに七～八年を要するという。山の斜面がピンクの星で飾られる花の時期（三月）には公開される。駅など近辺に表示が出されるので注意してみるとよい。

クヌギ　椚・櫟

ブナ科　落葉高木。葉は互生。縁には波状の鋸歯があり先端が突出する。春、黄色の雄花序が垂れ下がる。秋は黄葉が美しい。丸くて大きいどんぐりがなる。樹皮は黒っぽい灰褐色で深い割れ目が縦に入る。コナラと共に武蔵野の雑木林の代表的樹木。シイタケ栽培、炭作りなどに利用。

落ちていると
ごろごろ
という感じの大きなどんぐり

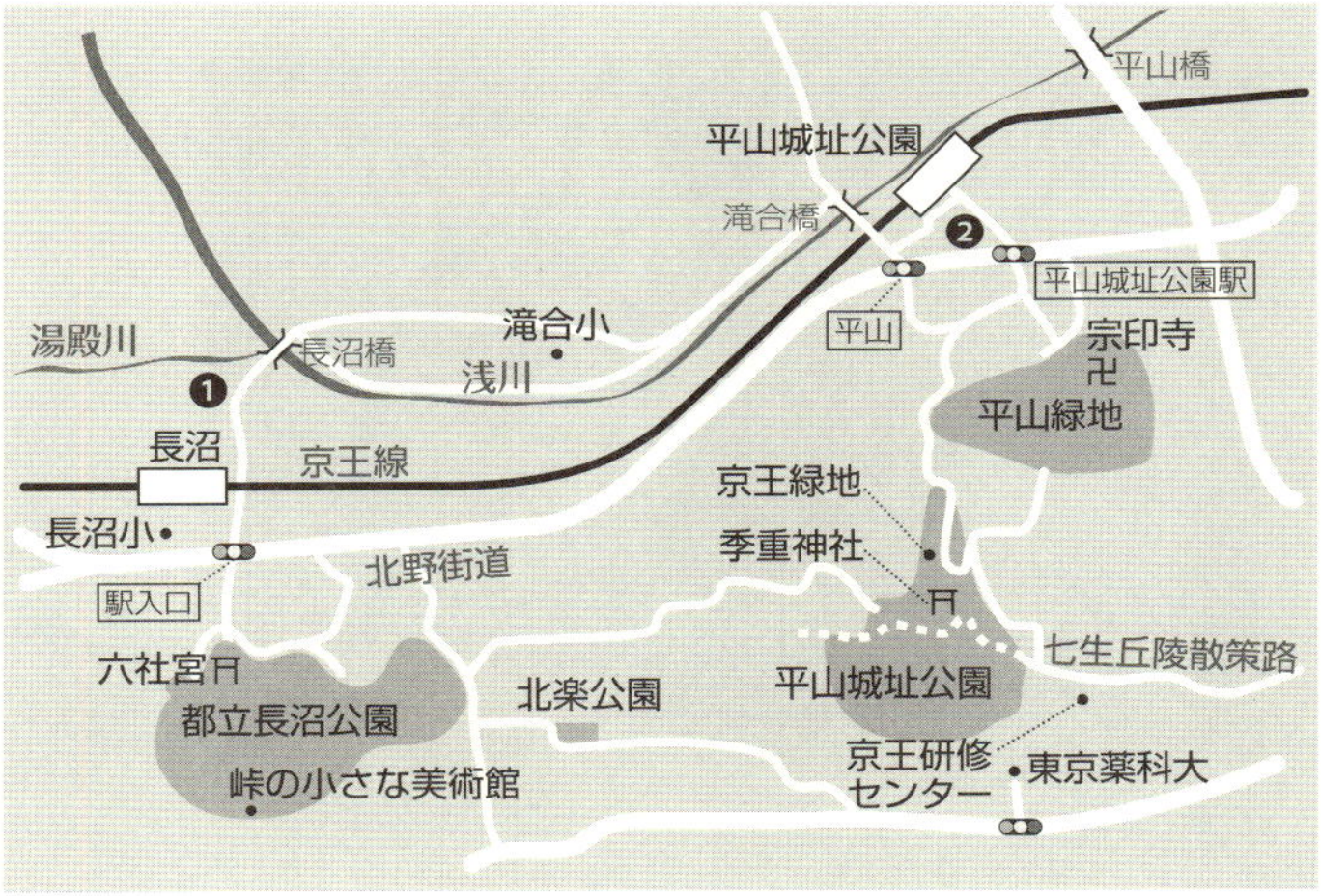

❶菱山さんの野菜直売所
水・金曜10時～18時
❷フルーブ
日野市平山5-18-13
042-591-9125
6時半～20時45分（土曜は～19時）
㊡日曜、祝日
●峠の小さな美術館
八王子市長沼町587「鎌田鳥山」内
10時～16時
㊡火曜、冬期（12 ～ 3月）

●東京薬科大学薬用植物園
八王子市堀之内1432-1
042-676-5111（代）
9時半～16時（11～3月温室は～15時）
㊡日曜、祝日、大学の休暇期間など
＊植物園の利用について
植物園の入口で見学記帳簿に記入してから見学。団体（10名以上）での見学の際は事前に総務課に連絡し所定の手続きが必要

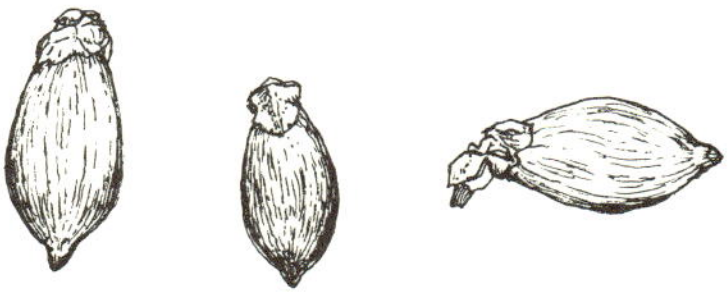
カヤ（未熟果）

丘を越えて　高幡不動

丘陵地形を活かした自然公園から森の中を高幡不動尊のお山へ

京王線の高幡不動を中心にして西は南平《みなみだいら》、東は百草園《もぐさえん》という小さな駅のそばに丘陵を活かした公園や散歩道がある。高幡不動尊には八十八ケ所巡りができるお山がある。訪れるうちに、昔からの雰囲気を保つ寺の大きな要素はこのお山なのではないかと思えてきた。また参道や裏通りの辺りはこじんまりした魅力的な店も多いので、寄り道候補の界隈だ。もう少し長く歩きたければ百草園方面の道と合わせ、店の数が多い高幡不動を休憩地にして三駅をつないでもよいだろう。

少し変わったカラスウリ

高幡不動尊のメタセコイア
赤褐色の紅葉は
風に舞う姿にも美学あり

どちらを起点にしてもよいが、初めての場合は南平丘陵公園と高幡不動尊の間の住宅地の道順がよりわかりやすい南平から歩くことをお勧めする。駅を南に出て北野街道を渡り、そのまま住宅地を進み、左、右へと折れていけば十分もしないうちに南平丘陵公園の入口が見えてくる。ログハウス風の管理棟の手前左から登る道と、正面からの道、そして管理棟の前から右へ登る道とは後で出合うのでどれをとってもよい。コナラやクヌギ、ミズキやホオノキ、イヌシデなどが生え、クロモジやヤマツツジの花もよく見られる。

春は色々なスミレが斜面を飾る。夏、ヤマユリが地面に届くほど頭を垂れて花をたくさんつけていた。赤茶色の葯《やく》が目立つこの大きな白い花は甘い濃厚な香りがあるので、姿よりもまず香りに気づくことが多い。花の脇に佇んでいればクロアゲハなどがよく飛んでくる。夏は昼間でも少し薄暗い林の中、尾根道はだいぶ涼しい。冬は葉も落ちて明るくなり木々の間に青空が見えるのが清清しい。秋の湿気を含んだ雑木林の香りもまた味わい深い。コナラなのかクヌギなのか、各種の落ち葉が醸し出すのか、晩秋の林の香りには格別なものがある。新緑や桜の季節はいわずもがな。四季の移ろいを存分に楽しめる場所だ。

分岐に出るが道標があるので迷うことはないだろう。多摩動物公園との境のフェンスをいつも右手に見ていけばよい。ちなみに分岐で右折し、フェンスを左に見ていくと多摩動物公園の方へ出る。この辺りは既成のルート「かたらいの路」となっている。

一度森を抜け、左が住宅地になるが右は相変わらず動物園のフェンスで、すぐに次の森の入口が見えてくる。ささくれた木肌のトウカエデの下を通る。五月頃ならホオノキやミズキも白い花をつけて迎えてくれる。小高くなったところに御嶽神社などの石碑が見える。フェンス越しにはオランウータンらしき動物が遥か向こうに見えたり、歓声が聞こえてきたりする。森から出て住宅地に降り立つと地図があるので行く方向を確かめておこう。

高幡不動の裏山に入るとアカマツなどの高木が生えていて、再び風景が変わる。手編みの赤い帽子に前掛け姿の弘法大師像が次々と現れる。八十八ケ所にお参りする方が供えるのだろう、折り鶴がいくつもある。山内の道は何本かあるが今回は広い尾根道を進む。道なりに行けば大日堂、または五重塔辺りに降りられる。枝垂れ梅の下の水琴窟で透明な水の音楽を聴き、心を潤したら、アカマツやモミジの下のベンチでひと休み。関東三不動のひとつ、真言宗高幡山明王院金剛寺は高幡不動尊として親しまれているが、境内は有名な紫陽花の他にも植物が多く、建築物なども見ごたえがあるので、ここでは十分な時間を取りたい。

胞子
ツチグリ
(土栗)
袋土柿という
全体が茶色のも.
白
食べられません。

あんず村
ジャズライブも
長年のファンも多い!
たっぷりポットで飲める紅茶やボリュームある食事も美味
右の写真は外のテーブル
La lana
ラ・ラーナ
ブティックの奥に優雅なティールーム
ユニークなチャパティ
カレー味
麦屋
各テーブルにある「らくがき帳」を読んでほっこりすることも…

足をのばせば

向島用水親水路、程久保川、百草園へ

高幡不動駅の北口から数分の向島用水親水路。小さなせせらぎだが、そのほとりには山野草の種類も多い。次に程久保川沿いの遊歩道を百草園駅の北方へ。カモの類やコサギやアオサギ、カワセミの姿も見える。

百草園駅の南には四季折々の花を楽しめる百草園があり、庭園美はもちろん山道歩きの気分も味わえる。スダジイの大木が見事な八幡神社の裏山や周辺の雑木林、六地蔵辺りの里山風景、落ち着いた雰囲気の住宅地や近隣では珍しい牛舎、そのミルクが原料のジェラートショップなど、魅力的な地域だ。

掃除の友
茶がら

フジウ
ケーキ、焼き菓子、そば粉のガレットも！
アルティジャーノ ジェラテリア
フレッシュな味
モグサファームの
牛乳で作られる

ござれ市の箒《ほうき》

高幡不動尊境内では毎月第二日曜日にリサイクル市、第三日曜日にはござれ市（がらくた市）が開催される。数年前、偶然裏の山から下ってきたら市が立っていた。つい見てまわり、江戸時代の食器から数十年前の農具や着物、玩具などが並ぶ中、四百円の箒（新品）を買ってしまった。そして使ってみたら意外と重宝することに。値段も手頃だったが何よりもお気にいりを使うということが楽しい。後日、二十年選手の電気掃除機が壊れたことを友人に告げたら彼女、掃除機は持っていないという。少し驚き、少し感動。箒生活！　素敵だ。

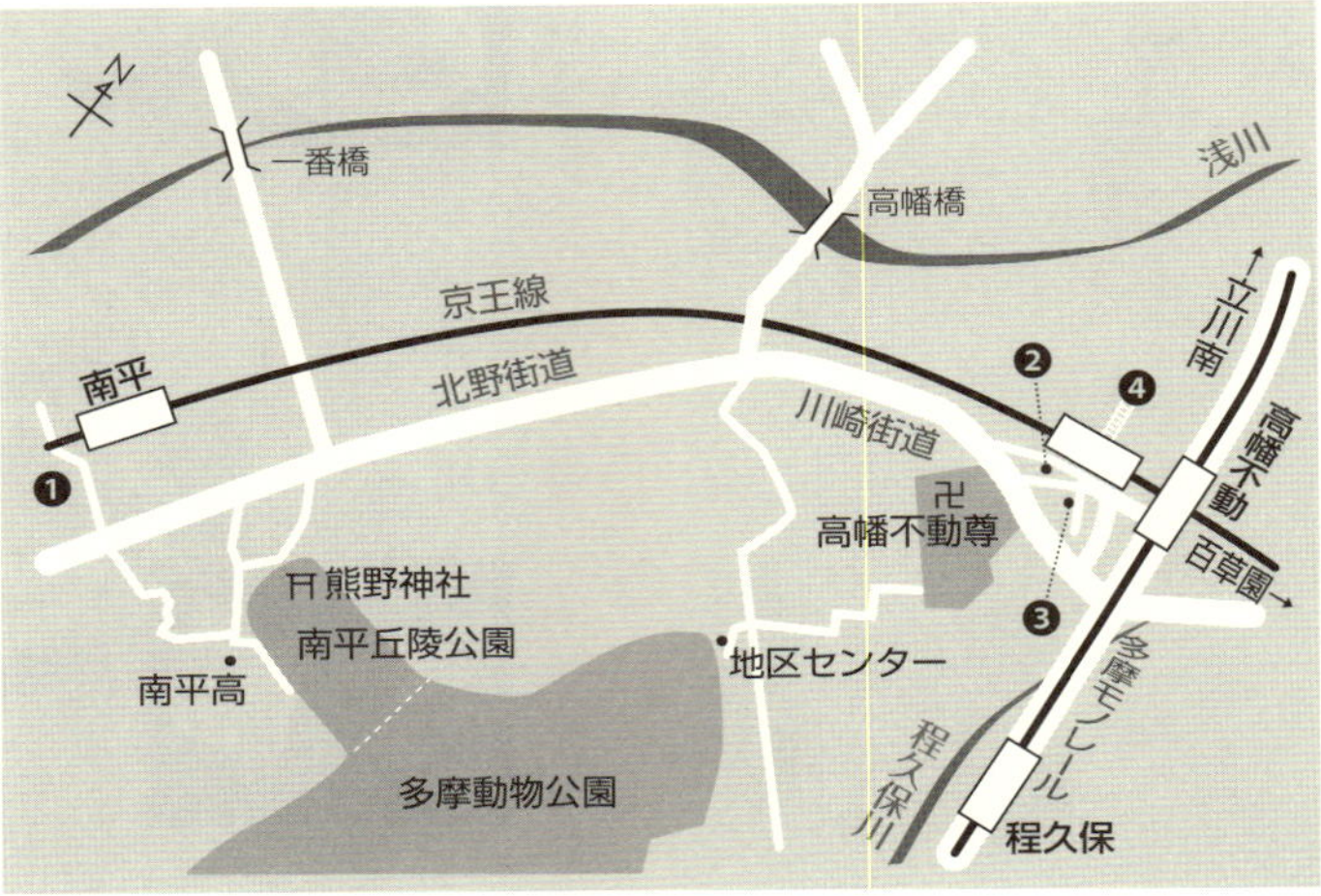

君の名は？

山の麓に紫陽花が植えられた高幡不動尊の境内。武蔵野、清澄、小町絞り、日向紅、九重山、剣の舞、羽衣の舞、七段花、横浪の月、伊予の星くず、伊予のさみだれ、土佐の緑風、土佐の涼風、美方八重…と散策路を五分歩いただけでも多くの種類を鑑賞できる。植物園に行くと紫陽花もバラのように「サチコ」や「ヨシコ」などと、名付けられたものもある。しかし古風な名の方がお寺にはふさわしい響きを持っている。とはいえ、前述の名もすでに古くなりつつあり、いずれは「ユウナ」や「カノン」など現代風な名の品種も出てくるのかもしれない。

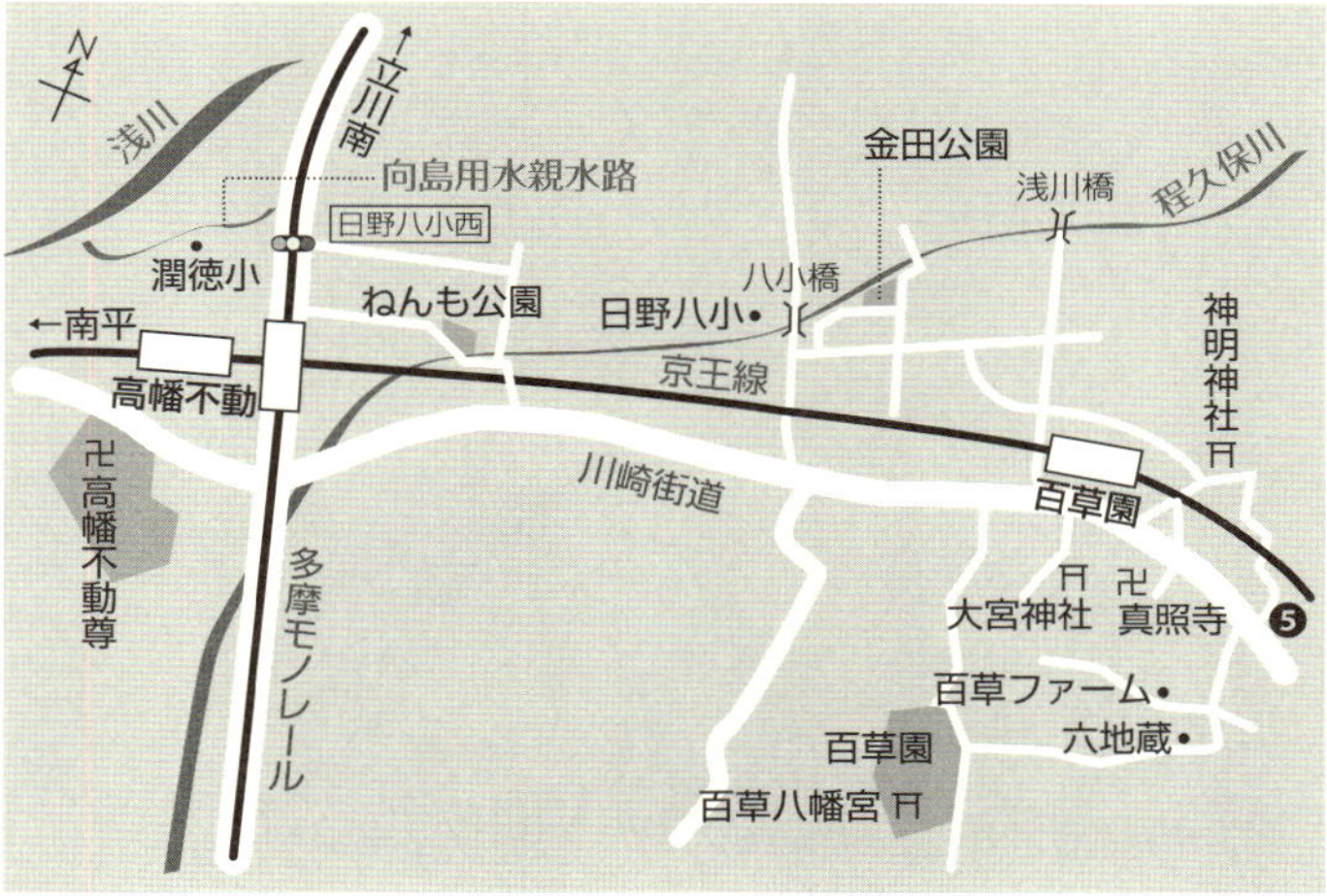

❶La lana　ラ・ラーナ
（ブティック・アトリエ・ティーラウンジ）
日野市南平7-17-3
042-593-8941
10時～19時　㊡日曜、祝日
❷あんず村（喫茶）
日野市高幡3-23YSビル2F
042-592-7500
月～土曜11時～23時（日曜は～21時）
㊡火曜（祝日の場合は営業）
❸Patisserie du chef Fujiu
フジウ
日野市高幡17-8
042-591-0121
8時～20時　㊡無休
❹麦屋（麦焼き）
日野市高幡528-6
042-593-2142
7時～19時　㊡木曜
❺アルティジャーノ・ジェラテリア
（ジェラート）
日野市百草329
042-599-2880
11時～18時
㊡木曜（祝日の場合は翌日）
●京王百草園
日野市百草560
042-591-3478
9時～17時（11・12月は～16時半）
㊡水曜（祝日の場合は翌日）、12/30～1/3
＊催事期間中は無休

鎮守の森

府中・谷保

大國魂神社から府中用水の市川緑道谷保天神と谷保の商店街へ

やはり府中は武蔵野の国の守り神、大國魂神社なくしては語れない。馬場大門の古木が立ち並ぶケヤキ並木は市のシンボルとなっている。境内には大木が多いので、鎮守の森の雰囲気は濃い。いくつかのお寺をまわりながら分倍河原へ向かい、整備された緑道を谷保天満宮へ歩く。ここも緑は多く、妙に整備され過ぎていない魅力がある。梅の名所であることは言うまでもない。谷保の商店街は周辺の団地と共に歴史を刻んできたのだろう、ひと昔前のホッとする雰囲気が味わえる。

サネカズラの実

大國魂神社のムクノキ
根元の幹が縦にひだになり
堂々とした形が畏れ多い

まずは府中駅北口、桜通りに寄ろう。布製品の帆など粋な店があるし、桜の季節は特にお勧めだ。歩道がゆったりしたケヤキ並木には老齢のため痛々しい姿のものもあるが、全体的に太い木々が並ぶ姿は美しく、夏は緑陰がありがたい。通り沿いには少々珍しいケンポナシの木もある。落ち着いた雰囲気の老舗、コパデ・カフェ、雑貨からお菓子まで並ぶは〜もにぃ（グリーンプラザ分館）の販売・喫茶コーナーも寄り道候補だ。

大國魂神社入口の観光情報センターには地図やパンフレットが揃っている。由緒ある大國魂神社は五月のくらやみ祭が有名だが普段でも参道を行く人は多い。約千九百年の歴史を持つというだけあって、歴史好きにはもちろん、大きな樹木が多いので植物好きにも興味深い。本殿奥の巨大なイチョウやムクノキには畏れを感じる。モミ、ケヤキ、コウヨウザンなども府中の名木百選になっているが、指定以外の樹木にも立派なものが多い。

神社の南、妙光院や安養寺を訪れる場合は、東からまわれば帰りは金比羅神社を経て大國魂神社境内に細い道が通じている。少し西の善明寺もよく手入れされた庭のオリーブが名木に指定されている。さらに西の高安寺では立派な山門をくぐるとクスノキやヒヨクヒバ、コウヤマキなど大木が迎えてくれる。墓地の奥に立ち並ぶケヤキも太くて立派だ。

分倍河原《ぶばいがわら》駅の北、美好町公園の方へ行くとテイクアウトもできる自家培煎コーヒー店エレファンティーノやイタリアンレストランなどもある。旧甲州街道を西に行くと緑の中に落ち着いた佇まいの教会があり、その敷地にナツメの木を発見してひとり喜んだ（果樹は見るだけで嬉しい）。分梅通りで南に折れるとクスノキやイチョウが立派な浅間神社、ケヤキ林の中の八雲神社がある。

御猟場道に出ると府中崖線の道標や第二都市遊歩道の案内図がある。歩道は歩きやすく、百日紅《さるすべり》の下などにベンチもある。「市川」と呼ばれる府中用水に沿って遊歩道は続く。水路は人家や田んぼの脇を通り、右側には崖の緑が茂る。小さな橋を渡った階段の上から「へえ〜、こんないいところがあるんだねえ。」という声とともによちよち歩きの子どもを連れた夫婦が下りてくる。階段脇には水がこんこんと湧き出ている。下の遊歩道に戻って先を進む。柿やベリー類の畑を見ながら最後は右手へ上がると谷保天満宮の梅園に入る。放し飼いのチャボが歩き回る緑多い境内だ。谷保駅への途中には素敵なウィルカフェ、駅北側の富士見団地付近には昔の雰囲気を残したアーケードの商店街がある。団地の一号棟に一橋大生が主体となり運営する農産物販売店とれたの、喫茶店ここたのがあって地元の人々に親しまれている。

Elefantino
エレファンティーノ
手作りキャラメルも！

はーもにぃ
軽食から甘味まで
気軽に味わえます。

売店にも↑
お菓子から雑貨まで
色々あります。

Cafe + Clothes
はん帆
服や小物の
1点もので
お気に入りが
みつかりそう…

さりげない
オブジェも
おっシャレ〜！

デザート目当ての
お客さんも
多そう！

ウィルカフェ
Willcafe

昔からのファンも
若いファンも…♪
コパデ・カフェ

足をのばせば

谷保天満宮から矢川辺りへ

田んぼや畑、水路、湧き水…懐かしい緑の風景が残る青柳崖線《がいせん》に沿っての散歩道。緑茂る中世の居館跡、谷保の城山《じょうやま》、農家を移築復元した古民家、カフェもあるので休憩にもよいくにたち郷土文化館、落ち着いた美しさの南養寺、ママ下湧水群など見どころも多い。府中からのコースや「雑木林のみち」などの既存の散策路と一部重ねたり、青柳稲荷を経て立川の根川緑道（54頁）や多摩川へつなげてもよい。ガマやハンノキ、柳が生え、木道がつけられた湿地帯である矢川緑地保全地域も他とは趣を異にした魅力がある。

CAFE ここたの
ランチやケーキも
近所でとれたという
袋いっぱいのルッコラと
うちのトマトでサラダ～♡
とれたの
くにたち野菜

シナモンロールならぬ抹茶ロールの正体は……
大國魂神社の狛犬さん!!

狛犬と美しく年を重ねるもの

狛犬も作られた時代や作者による違いがあって見比べみると面白い。どこかおどけた表情に見えるものや厳粛な感じのもの、細長いもの、たくましいもの……。そして子がいるものなど、具体的なものが違うこともある。狛犬を研究したり本を出したりする人もいるようだから興味を持つ人は案外多いのだろう。

狛犬に限らず、古いものは角が取れて丸みを帯びる。時間や風雪の手によるもので、作者もそこまで計算していたかはわからないが、その変化は好ましく思えるものが多い。美しく年を取れる、というものの存在は貴重だと思う。

コナラ　小楢

ブナ科　落葉高木。古名ハハソ。葉は互生で粗い鋸歯があり、中央より上の部分が一番幅広い。秋には黄色、橙色、褐色になるものが多いが赤くなるものも。樹皮は灰白色で縦に浅い裂け目が通る。細長いどんぐりのなる木。雑木林の主要な樹種。シイタケの原木栽培に利用。

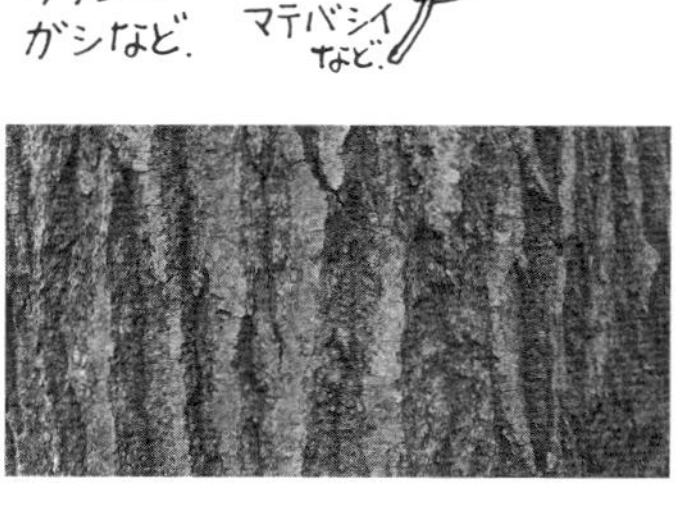

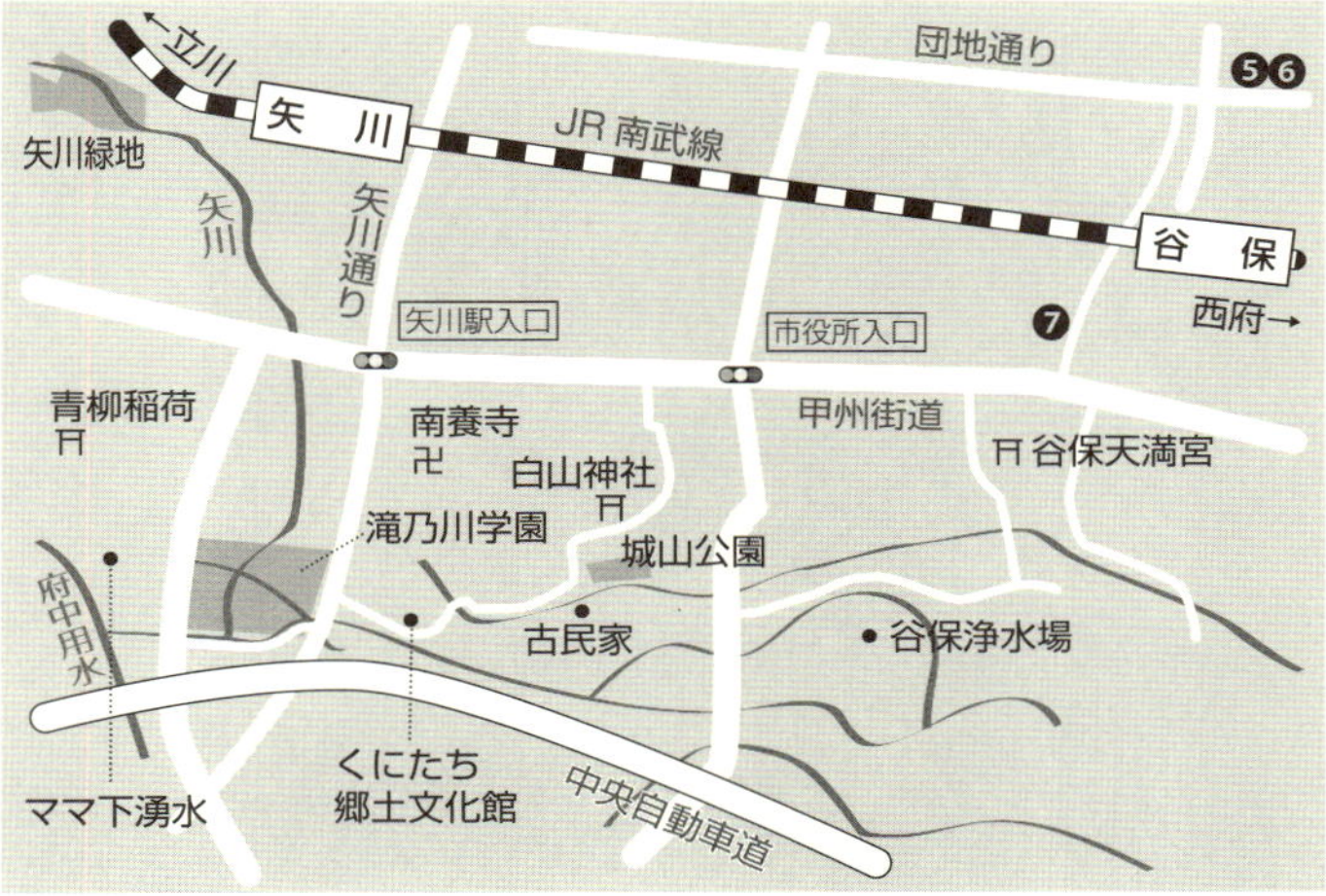

❶コパデ・カフェ
府中市寿町1-1-32
042-366-7944
9時（日・祝10時）～22時
㊡年中無休

❷は～もにぃ
府中市寿町1-1 グリーンプラザ分館1F
042-340-0212
10時～18時
㊡第１水曜、臨時休館日

❸Cafe+Clothes　帆　はん
府中市府中町2-20-13
042-334-6963
10時～16時（金～日曜は～20時）＊教室開催中は閉店　㊡木曜

❹Elefantino　エレファンティーノ
（自家培煎コーヒー店）
府中市美好町3-1-5
042-369-6678
10時～19時　㊡火曜

❺Cafeここたの
国立市富士見台1-7 富士見台団地1-1-104
042-573-9433
11時半～17時半LO　㊡水曜

❻とれたの
国立市富士見台1-7 富士見台団地1-1-103
042-573-3444
10時半～18時半　㊡日曜

❼Will cafe　ウィルカフェ
国立市谷保5233-13
042-571-3034
木～土曜12時～18時半

●府中市観光情報センター
府中市宮町3-1　042-302-2000
9時～17時 ㊡火曜（祝日などは開館）

●くにたち郷土文化館
国立市谷保6231　042-576-0211
9時～17時（入館は～ 16時半）
㊡第2･4木曜（祝日の場合は翌日）

玉川上水と野火止用水

人々の生活を支えた用水路
役目を変え、今も愛されて

小平市産業振興課（〇四二－三四六－九五八一）発行のリーフレット「小平グリーンロード」によれば、ここは「美しい日本の歩きたくなるみち500選」に選ばれたという、玉川上水、野火止用水、そして狭山・境緑道をつなぐ全長二十一キロメートルの水と緑の散歩道だ。その約半分を歩いてみた。江戸時代に作られた玉川上水とその分水の野火止用水は、水と緑の細い帯だが今も武蔵野の面影を残す場所だ。そして人々の憩いの場所として、その貴重な役割は終わっていない。

フウの紅葉

薬用植物園のフウの大木
緑と黄と赤の葉が美しい

一橋学園駅を下車。この日も寄り道から始まった。玉川上水とは反対方向にあるベーカリーバリーで昼食を調達。駅へ戻り、線路沿いの商店街を進む。高層建築がないので圧迫感がなく、車もわりと少ない。まのめにはおにぎりの他にもキッシュあり、お惣菜あり、美味しそうなものが並ぶ。桜橋から玉川上水の緑道に入る。桜、コナラ、クヌギ、イヌシデなどの木々の下を、土の感触を楽しみながら歩く。水は深い用水路の底をわずかに流れているだけだが、それでも多くの植物や虫や鳥や小動物の命を支えているのだろう。温暖化の影響かヤツデが多い。木々に巣箱がかけられていて、南向きもあれば北向き、東向きもあり、鳥がどれを好むのかつい調べてみたくなる。秋の日、小川水衛所跡付近ではイチョウがたった一本、黄色の絨毯を敷いた中に立っていたのが印象的だ。途中で細い流れ、新堀用水も現れる。キジバトが数羽、地面をつつきながらのんびり歩いていた。

鷹の台駅手前、中央公園の線路際の斜面には木立の中に木の曲線を美しく残したベンチやテーブルがある。駅前通りにはカフェやスープのお店、ギャラリーなどが立ち並ぶ。さてここからは水路のどちら側を歩こうか。今日は南側にしよう。大きな星形の葉をつけたイタヤカエデ。初夏、甘い香りの花を咲かせるスイカズラ。赤い実をつけるサルトリイバラもからまっている。赤い実といえばゴンズイやマユミなどの細めの木々も多い。水路の切り立った側壁にしがみつくように、太い根を何本も伸ばしているケヤキやコナラ。傾いて斜めになった幹の上を歩いていけそうな太い木。上水新町地域センターの緑のギャラリーを訪ねたら、ガラス張りの小部屋からの雑木林の眺めが印象的だった。

上水小橋では水辺に降りられる。対岸に渡ってから、野火止用水の緑道を東大和市駅方面へ向かってもよいが玉川上水沿いを戻るように歩けば、こもれびの湯（足湯）やカフェに寄れる。小川橋からは左へ薬用植物園を目指す。車の多い道路だが距離は短い。

充実した植物園見学の後、北に向かうと東大和市駅の脇にひっそりとイチョウとお社があり、昔が偲ばれる。「雑木林のみち」の道標に従って浅い人工的な流れ沿いの歩道を進む。えごの樹という珈琲店があって思い出したが、玉川上水沿いにはエゴノキの名札が距離をおかず掛けられていて可笑しかった。ふれあい橋を渡ると雑木林が広がっている。ここで「雑木林のみち」と別れ、左へ道路を渡り、流れに沿っていく。なかよし広場から学校脇に太い桜が何本も続く。風景が街になってくる。昔から交通量は多そうな九道の辻。八坂駅の手前で手作り感たっぷりのカフェ、ポテリでひと休みというのもお勧めだ。

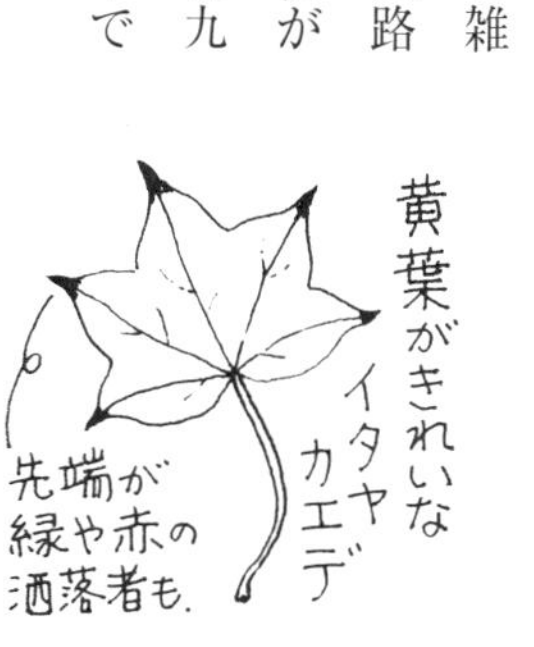
黄葉がきれいな
イタヤカエデ
先端が緑や赤の洒落者も.

ベーカリー バリー

サニーレタスやキュウリなど、
『バリーの畑産』というのも
嬉しい。よりみちした甲斐あり。

広々としたデッキでゆっくり休めます

Caze Cafe

カゼ・カフェ

まのめ

おにぎり、
お惣菜、
キッシュ、
デザートなど
色々あります。
お土産に
クッキーを。→

住宅街のお店

えごの樹

カフェ シントン

郷愁を誘うムードに加えて
大人の味のケーキも楽しめます

カフェ ポテリ

ケーキが美味しそう
だったので少なめの
食事(キッシュ)を注文。
ランチメニューも魅力的
だったので今度は
腹ペコで行かねば！

ほんの少しの発見で喜べることは
きっとシアワセなことなのでしょう!!

おおげさだナ~

ピンオークの「ピン」
とは杭のことです

植物園への道すがら
突然コアラを発見?。

小さなイチジクの
ようなイヌビワです

クリーンセンターの
壁画は大作です

早春の黄色い花が
素敵なサンシュユの実

つむじまがり?
くぬぎまがりです

赤いサヤが目立つ
ゴンズイの実

つい目をとられ、足も
とられ(コロビ)ました

チョコに刑務所、ピンオーク

薬用植物園ということは裏をかえせば有毒植物も多いのだが、スパイス原料や食用のものも少なくないので食いしん坊としても楽しめる。温室のカカオにたくさん実がなっていたのもチョコ好きには感動の一コマ。珍しい青いケシは人気があるが、ケシといえばアヘンがとれるケシの花壇は厳重な管理のため刑務所を連想してしまった。そんな中、一番嬉しく思ったのがピンオークとの再会だ。北米の野山歩きで見て以来、久しぶりにその特徴あるギザギザの葉っぱを見た。どんぐりの形もかわいいので、興味があれば秋に訪れてぜひ見てみてほしい。

エゴノキ

エゴノキ科　落葉高木。別名ヤマヂシャ、ロクロギ。五月頃、五弁の白い可憐な花がたくさん吊り下がる。薄緑色のレモン型の実は魚を麻痺させて捕るのに使われた。葉は互生。鋸歯は低く目立たない。樹皮は赤や緑がかった暗い灰色でなめらかだが、老木では縦に浅く裂ける。

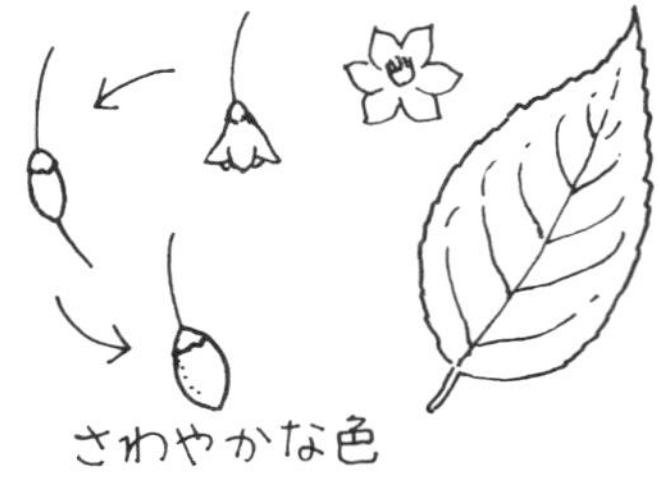

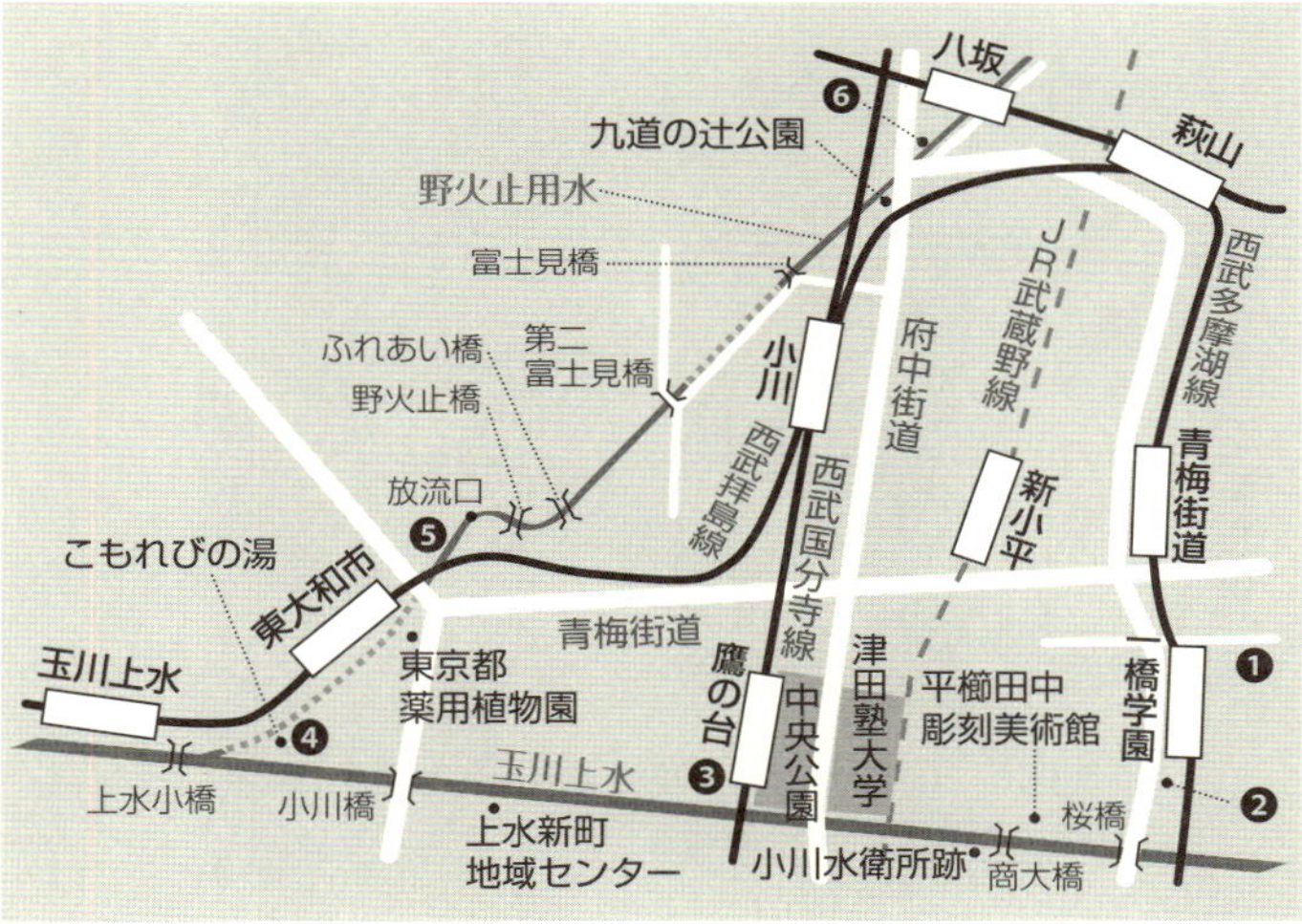

❶ベーカリー バリー
小平市学園東町2-4-11
042-347-8910
8時～18時半　㊡水・日曜、祝日

❷まのめ
小平市学園西町1-20-20
042-344-2130
7時（土9時、日・祝11時）～19時
店内飲食11時半～18時　㊡水曜

❸カフェ シントン
小平市たかの台43-9
090-9153-4029
11時半～18時　㊡無休

❹CAZE CAFE　カゼ・カフェ
小平市中島町3-8（あさやけ風の作業所内）
042-349-2366
月・火・木・金曜10時～16時（第3土曜は～14時半、冬期は～15時半）　㊡雨天休み

❺えごの樹
東大和市向原5-1144-14
042-566-2264
10時～18時
㊡月・第1第3火曜

❻カフェ ポテリ
東村山市栄町3-18-22
042-391-1514
10時～19時
㊡水・隔週木曜、年末年始

●東京都薬用植物園
小平市中島町21-1
042-341-0344
9時～16時半（10～3月は～16時）
㊡月曜（祝日の場合は翌日、4～6月は臨時開園）、12/29～1/3

小粒でピリリ　粋な　青梅

丘陵歩きを気軽に楽しめる
レトロを看板に掲げた魅力の街

駅構内から始まって商店街全体が懐かしの名画の看板や、猫や漫画のキャラクターをモチーフにした立て札、オブジェなどで賑わっている青梅。それらが街にしっくり馴染んでいるのは大型店ではなく小さな商店が立ち並び、街全体として調和した手作りのよさが出ているためだろう。まずは北側の青梅丘陵の自然を楽しみ、その後で商店街周辺の路地を散策してみよう。食事やお茶に、ユニークな店も色々あるので、お気に入りの場所ができるかもしれない。

緑が清清しい紫陽花

この辺では珍しいアベマキ
幹や葉はクヌギに似ている

①②カフェ・ド・クラージュ
③Minamo
④ギャラリー柏（箸入れ）

青梅駅に着くと北側の小学校の向こうに見える緑の丘が青梅丘陵だ。駅のホームには見るからにレトロなそば屋があり、ベンチのデザイン、駅名の看板、どこを見てもレトロな演出だ。そして何といっても手描きの映画看板が目を引く。青梅出身の映画看板絵師によるものだ。さらに漫画家の赤塚不二夫氏のキャラクターたちも飾られている。そうなのだ、ここはあえて昭和の香りを残すことを個性とした街なのだ。

まずは改札から左へ出て北へ線路を越えていくと上り坂になり、右手には青梅鉄道公園があるが左へ進む。左下の永山公園からも道が上ってきている。コナラやイヌシデ、アカシデ、樫の類、桜などが生える林中に整備された尾根道は広く歩きやすい。散歩やジョギングの人たちに時々出会う。左に抹茶色の印象が強い金比羅宮がある。尾根道を続けるとまもなく第一休憩所がある。細いプリーツが入ったヤシャブシの葉っぱが風に揺れている。「ボランティアの森」が左下に広がっているので寄ってみるのも面白そうだ。第二休憩所の先にも麓の梅岩寺に下る道がある。少し視界が開けて川乗山が遠くに見える。右の階段の横にはアベマキが生えていてクヌギにも似た端正で大きな葉を茂らせている。左右にスギ林やヒノキ林が現れるが下草にはフユイチゴやシャガが多い。低木ではコゴメウツギやマルバウツギが目立ち、紅葉の頃は後者の赤や橙色が美しい。

ハイキングコースは続いていくが、第三休憩所の手前左から裏宿へ下る。細い山道になるので足下に気をつけよう。道路に出たら踏切を渡り、青梅街道も渡ってそのまま前方の道に入る。左手に金剛寺の塀を見ながらしばらく行くと右に小さな神社があるが、その奥にまた稲荷社がある。ここのお狐様たちは皆それぞれ異なった作風で、面白い。

道路に戻り金剛寺の境内に入ると、地名のいわれとなった天然記念物の青梅が生えている。青梅街道に戻って渡り、一本裏の道路を駅の方へ戻る。金剛寺の北に森下陣屋跡や旧稲葉家住宅など旧跡もあるので、興味があれば寄ってみるとよい。

さて青梅の街歩きはただ、ぶらぶらと路地をさまようだけでも十分面白いが、昭和レトロ商品博物館、青梅赤塚不二夫会館、昭和幻燈館という博物館もあるし、三～十二月の第三日曜日には住吉神社境内で「おうめ手づくりいっぱい市」も開催されるので、楽しみ方は色々ある。南に足を伸ばせば青梅市立美術館や多摩川を渡った釜の淵公園内に青梅市郷土博物館や旧宮崎家があるので、見どころは尽きない。

観光案内所も駅を出てすぐ右にあるのでまず寄ってみるとよいだろう。

閑話及猫

はじまりはクロだった

出会った当初は庭で小鳥の餌台を荒らすふてぶてしい奴、つまり敵だった。しかし７年のうちにいつのまにか友となり、知らずのうちに大きな存在となっていた奴。最後の１年くらいはお隣でごはんをもらい、うちの縁側を寝床にしていたクロ。ある春の日、消息を絶ち、その存在の大きさを知らしめ、私たちを打ちのめした小さな雌猫。以来私の目は小さな黒い影や猫という動物に引かれてしまう。

ちょっぴりシャイな方々

いや、フツーだ

入ってみたい床屋さん

すみません、おとなりに座ってもよろしいでしょうか…

↖私

・・・

吉祥寺在住

優等生

トラメリり？（青梅）↕

ねこかいぐり公園!!

お仕事中ですか？

（まあ）にゃあ

国分寺在住

携帯ストラップ
Minamo(青梅)

立川在住

国分寺在住

🐾思いっきりネムい〜?!

彼らの辞書には『不眠症』という言葉はない!!…にちがいない

国立在住

立川在住

小金井在住

←高尾在住

↓住所不定…。

猫のいる風景

元来犬好きだったが、いつの間にか猫にも目が留まるようになり、猫がいると足も止まるようになってしまった。取材中も猫についていってしまい、寄り道がさらに長くなった。最近では地域猫という概念も浸透しつつあり、痩せ細って哀れな猫は減ったように思う。それでもまだ動物を捨てる人間がいて、毎年三十万匹余りもの元ペットが処分という名のもとで殺されているという。動物嫌いは仕方ない。動物好きと称しながら無責任な飼い方をする人間が問題だ。散歩中、猫が日向ぼっこしている姿や、庭で昼寝中の犬を見るのも心温まる瞬間である。

マテバシイ　全手葉椎

ブナ科　常緑高木。公園や街路樹に多く利用される。長さ十〜二十センチの葉は全縁で厚く光沢があり、裏は明るい緑褐色。樹皮は灰褐色。六月に薄黄色の花を咲かせ、どんぐりがなるのは翌年十月。長さ三センチほどの大きな長いどんぐりは食べられる。

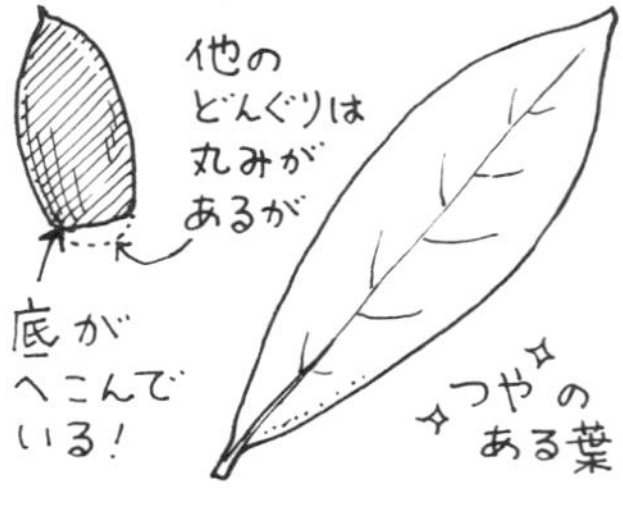
他の
どんぐりは
丸みが
あるが
底が
へこんでいる！
つやのある葉

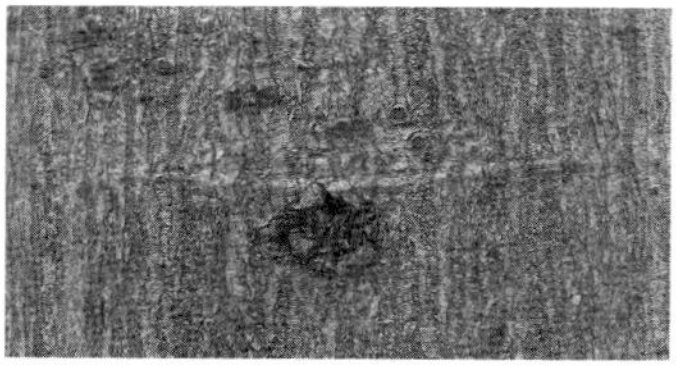

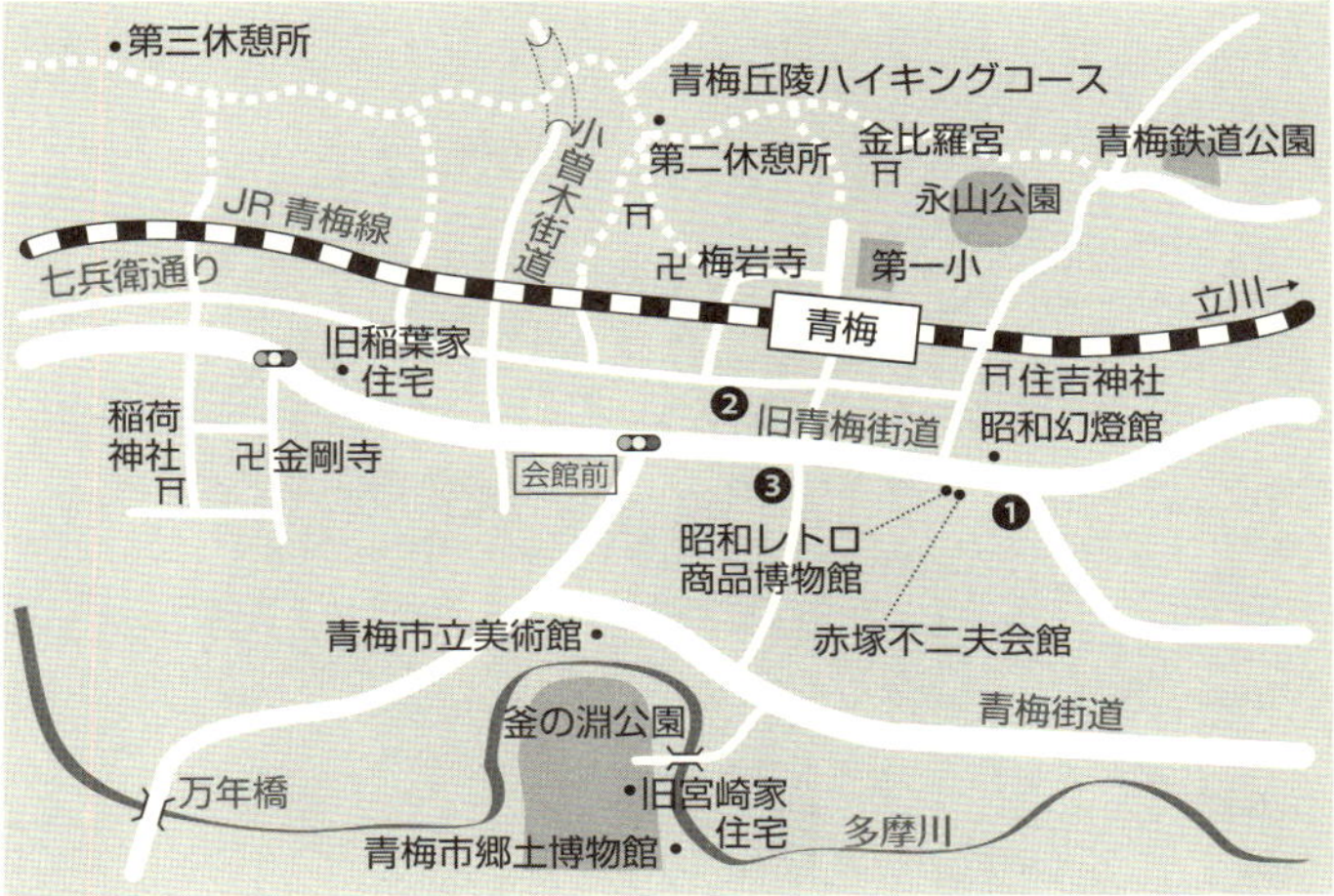

❶ギャラリー柏　はく
青梅市住江町74
0428-22-2486
11時～18時
㊡月・火曜　＊会期中は無休

❷カフェ・ド・クラージュ
青梅市仲町253
0428-21-5862
11時～18時　㊡月・第3火曜

❸Minamo
（グラスワークスタジオ）
青梅市本町120
0428-24-5544
11時～18時　㊡月・第4日曜

和の世界を楽しむ

多摩川上流

渓谷美と山里の雰囲気を味わう
軍畑《いくさばた》〜沢井〜御嶽《みたけ》

御岳山への登山口であり、美術館も多い御嶽駅周辺、有名な酒造や関連施設を訪れる観光客が多い沢井駅付近だが、二つの駅を結ぶ多摩川沿いの遊歩道は紅葉の時期以外は静かな散策が楽しめる。特に芽吹きの季節にはぜひ訪れてみたい。渓谷の遊歩道入口が近い軍畑駅から歩き始めるのもよいが、時間があればひとつ手前の二俣尾《ふたまたお》駅で下車し、海禅寺を訪ねてから、のんびりした道を軍畑まで歩いてくるというのも悪くない。御嶽から先の遊歩道散策も延長できる。

川沿いを飾るセンニンソウ

海禅寺のクスノキ
特に枝垂れ桜の隣の２本は
清らかな風を感じさせる

軍畑駅で下車すると目の前に低い山々とその麓の住宅地が見おろせる。少し坂を下ると多摩川にかかる軍畑大橋も見えてくる。坂の下の信号脇には和布ギャラリーふくしまがあり、藍染めや刺し子などの入念な手仕事の作品が並ぶ。刺し子は教室もあるそうだ。布や針仕事の作品を見ていると、物質的には貧しい昔の生活の中で、限られた資源を最大限に活かすために工夫されてきた技があり、同時にその奥は深く、究極のところは芸術にまで至るということをしみじみ感じさせられた。

横断歩道を渡り、橋の手前を右へ。アンティークレンガのお店に入っていくとゆずちゃんという、この地にふさわしい名前のポニーがいたり、流木のオブジェがあったりして、のどかな雰囲気だ。貸しバーベキューの設備もあり、音楽や料理のイベントもあるようだ。ガーデンには珍しい植物もさりげなく植えられていて、春はミモザがきれいだ。その先には材木店もあるが、青梅、奥多摩に来ると製材所をよく見かけ、かつて林業が盛んだったことを思い出す。現在は一般の人々も参加できる森づくりのイベントなども増えてきており、地元の木を活かす取り組みも少しずつ浸透している。街と森の距離が短いところは歩いていても楽しい。一散歩人の立場からも新しい形での林業復興を応援したい。

さて、遊歩道入口の階段を降りていこう。春はユキヤナギの白い可憐な花があちこちに見られる。同じく白いクサイチゴの花も美しい。林下には冬に実をつけるフユイチゴも多い。大きな岩が沢山あって下流とはひと味違う、豪快な多摩川の景色だ。水に触れてみる。小さな魚の影が一斉に同じ方向に動く。釣り人やカヌーの練習の人たちの姿もある。

途中に大きなケヤキが一本目立つ。その木肌は鱗のようにはがれた各部分の色が異なるので美しい模様になっている。イロハモミジも多いが、特に澤乃井園の下には川に枝を張り出した見事なものが数本ある。ここではうどんなどの軽食も出しているので休憩にもよいだろう。酒造の見学もできる。また、対岸には寒山寺や櫛かんざし美術館がある。寺の脇からやはり川沿いに遊歩道があるがそちらは日陰なので、少し暗い。

北側の遊歩道を続けて進むと右手には茶店なども数軒、農産物の庭先販売もある。春の桜の並木、秋のモミジが美しいのでこの辺りは混雑することもある。御岳小橋から右へ上がっていくと御嶽駅だが、御岳観光物産館「みたけ歩《ぶ》楽《ら》里《り》道《どう》」に寄ってひと休み、あるいは美術館まで足をのばしてもよい。対岸には日本画家の川合玉堂の美術館、その先の両岸につけられた遊歩道を辿れば近代日本美術の作品を所蔵した御岳美術館などもある。

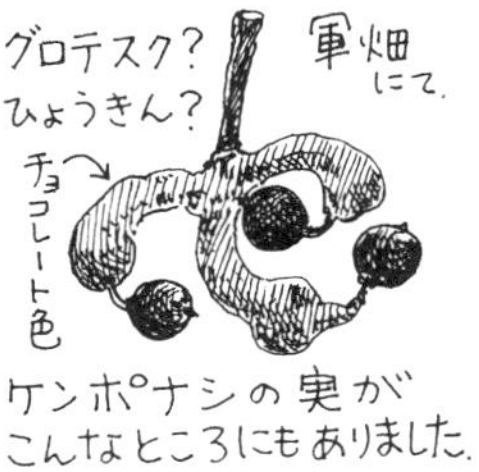
グロテスク？
ひょうきん？
軍畑にて
チョコレート色
ケンポナシの実が
こんなところにもありました.

和布ギャラリー
ふくしま

手作り感あふれる店先

古布や一点物の作品や小物が並びます

煉瓦堂 朱とんぼ

楽しい看板が目印

「わたしはときどきかみつくよ.
いたいからね」という
ゆずちゃんですが♡
カワイイ~

歳月が醸し出すもの

木目や色のちがいがお洒落な賽銭箱(部分)

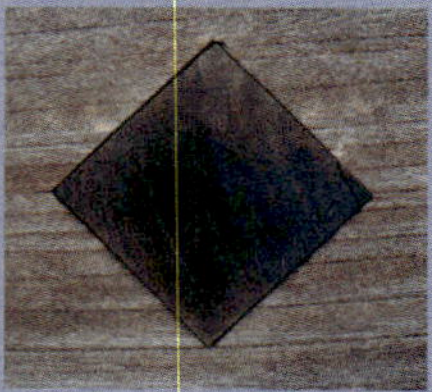

古い木製の表示板(ちょっとほしいです)

写真を撮らせて、という観光客もいる二俣尾の多摩書房

石垣や木の幹に見られる地衣類もワビサビの立役者

立ち止まれば 出会いも多い

ツマグロヒョウモン
ツマは妻でなく褄・
オスはオレンジに黒の紋

カマキリ
肉食なのでコワイ?
透明な眼がきれいです

アゲハ
あっ片方の尾が…
生きていくのは大変です

ゴマダラカミキリ
つかまえると、なく
ような音を出します

ダイミョウセセリ
ツートーンの小粋な姿
小さな大名です

ハナムグリ
「花潜り」とは、よく
言ったものです!

ジャコウアゲハ
温暖化で北上中らしい

ショウリョウバッタ
別名キチキチバッタ
緑色のもいます

ばらつきの理由

本書で紹介した店舗については場所によってばらつきがある。店がなくて入れなかったところもあればあったのに入れなかったところもある。気に入った店を入れていない場所もある。気まぐれなようではあるが色々考えた末である。余白を残すことが頭にあった。主眼が散歩におかれた本であり、お店紹介の本ではないことをご理解いただければと思う。

食に関しては安全性や地産地消にもこだわったところが理想だが、全てがその基準に当てはまるわけではない。小さくて、素朴で、地元で愛されている店、そんなところも応援したいと思ったのだ。

クスノキ　楠・樟

クスノキ科　常緑高木。葉は互生・全縁（ギザギザがなく、なめらか）で表に光沢。落ちる葉は鮮やかな赤や黄色に変わる。樹皮は灰褐色で短冊状に裂け、緻密な感じに溝ができる。寺社や街路樹によく見られる。防虫剤の樟脳が取れ、葉や小枝を傷つけると香りがする。黒い果実の基部は緑色の杯状。

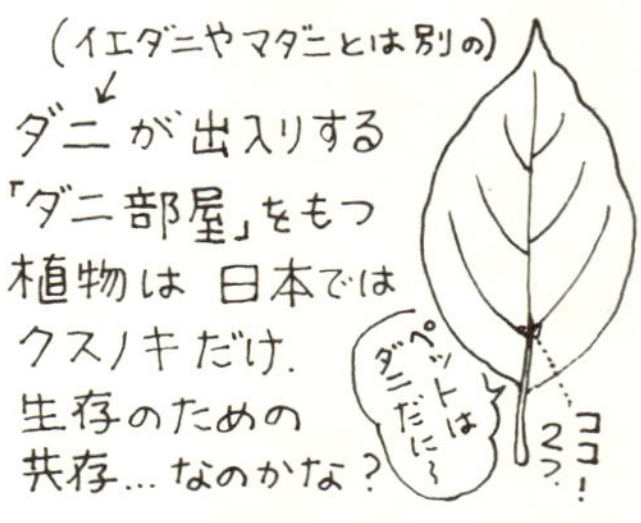

(イエダニやマダニとは別の)
ダニが出入りする「ダニ部屋」をもつ植物は日本ではクスノキだけ.
生存のための共存…なのかな？
ペットはダニだに～
ココ！

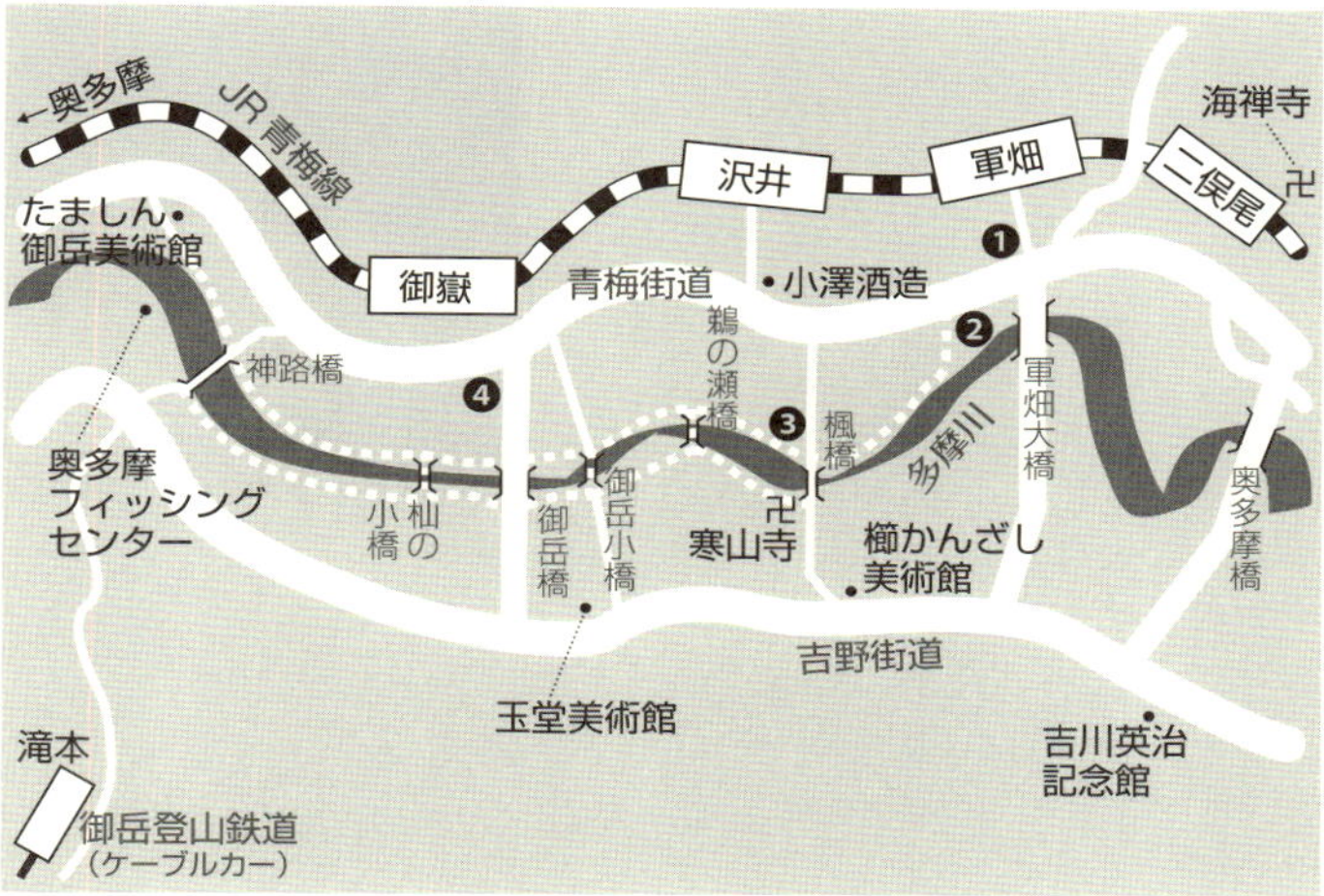

❶和布ギャラリー ふくしま
青梅市沢井1-365
0428-78-9474
木・金曜13時～17時
＊連絡は上記営業時間外に

❷煉瓦堂 朱（あか）とんぼ
青梅市沢井1-403
0428-78-8352
9時～16時半　㊡月曜

❸澤乃井園
青梅市沢井2-770
0428-78-8210
10時～17時（冬期は～16時半）
㊡月曜（祝日の場合は翌日）

❹歩楽里道
青梅市御岳本町308-5
土・日曜、祝日10時～16時
＊8・9月は平日営業もあり

参考文献

『学生版　原色植物図鑑』牧野富太郎著　北隆館（一九五四年）
『樹の本』第三版　サンワみどり基金（一九八五年）
『野草の本』第一版　サンワみどり基金（一九八七年）
『樹木1』『樹木2』尼川大禄・長田武正著　保育社（一九八八年）
『身近な樹木ウォッチング』淡交社（一九九〇年）
『落葉図鑑』吉山寛著・石川美枝子画　文一総合出版（一九九二年）

著者紹介

雪子F（藤山）・グレイセング
東京に生まれる。
東京造形大学デザイン科卒業。
セツ・モードセミナー、野や山にて学ぶ。
デザイン会社勤務後、フリーとなり、イラストや写真、
デザインを手がける。1988年より夫と共に高尾に在住。
主な著書に、
1995年絵本『高尾山 たかおさん』（高尾山の自然をまもる市民の会）、2000年『高尾山ゆっくり散歩』（けやき出版）、03年画文集『山はおくりもの』、04年『高尾山 たかおさん』新版（ともに、高尾山の自然をまもる市民の会発行、けやき出版発売）、06年『落ち葉と紅葉』（いかだ社）、07年ツリーダム・カレンダーなど。

多摩 よりみち散歩

2009年10月9日　第1刷発行

著　　者　雪子 F・グレイセング
発 行 者　清水　定
発 行 所　株式会社 けやき出版
〒190-0023 東京都立川市柴崎町3-9-6
TEL 042-525-9909　FAX 042-524-7736
http://www.keyaki-s.co.jp
D T P　ムーンライト工房
印 刷 所　株式会社 メイテック

ISBN978-4-87751-399-3 C2026